미아리 텍사스 이미선 약사가 전하는
38통의 아프고도 따뜻한 삶 이야기
미아리 서신

미아리 텍사스 이미선 약사가 전하는
38통의 아프고도 따뜻한 삶 이야기

미아리 서신

초판 1쇄 발행일 2012년 11월 25일
초판 2쇄 인쇄일 2012년 12월 3일

지은이 이미선
그린이 신원선
펴낸이 김미숙
편 집 여문주
디자인 박정우, 이진영
마케팅 백유창
관 리 고영선
펴낸곳 이마고
주소 121-914 서울시 마포구 상암동 1654 이안오피스텔 1401
전화 02-337-5660   팩스 02-337-5501
E-mail imagopub@chol.com   www.imagobook.co.kr
출판등록 2001년 8월 31일 제10-2206호
ISBN 978-89-97299-08-9 03230

* 값은 뒤표지에 있습니다. * 잘못된 책은 바꿔드립니다.

----

978 - 89 - 97299 - 08 - 9

미아리 서신

미아리 텍사스 이미선 약사가 전하는
38통의 아프고도 따뜻한 삶 이야기

이마고데이
[Imago-Dei]

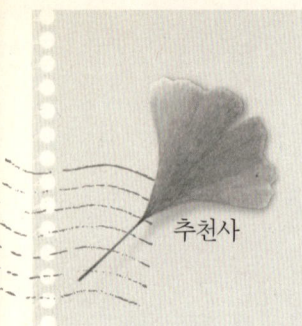

추천사

벗으로, 언니로, 동네 아줌마로
함께하는 우리 집사님

손상득(한성교회 담임 목사)

　축하합니다. 그냥 써내려간 소설이 아니라 살아 있는 이야기들이라 더욱 축하하며 추천합니다. 만들어낸 이야기가 아니라 실제로 있었던 이야기, 감동이 있는 스토리이기에 더욱 눈물이 나고 웃음도 있습니다.
　지구가 돌고 있듯이 이곳도 돌고 있습니다. 이곳이 어디인가요? 일명 '텍사스'. 남들은 이상하게 보지만 이곳에도 사람이 삽니다. 다른 곳과 마찬가지로 아침도 있고 점심도 있고 저녁도 있습니다. 먹고 마시고 자고 일어나고 싸우고 화해하고 난리법석입니다.

그 중심에 약국이 하나 있습니다. 그 약국의 주인은 이곳이 고향입니다. 약만 파는 것이 아니라 '텍사스'의 모든 이들과 동고동락합니다. 이곳의 모든 이야기는 다 약국에 모여 있습니다. 한곳에 있지만 자리가 다르고 수입이 다르고 말하는 것이 다른 사람들의 희로애락이 이 약국에 다 있습니다. 왜냐하면 이곳의 사람들이 오며 가며 '참새가 방앗간 찾듯이' 찾는 곳이기에 그렇습니다.

그 약국의 주인은 마치 성경에 나오는 선한 사마리아인 같습니다. 상처를 씻어주고 치료해주고 붕대로 감싸주고 쉴 자리를 제공하며 나중 비용도 감당하겠다던 사마리아인 말입니다. 그는 이다음에 약국을 그만두면 복지에 헌신하기 위해 복지사 공부도 열심히 하였습니다. 참으로 이 시대에 찾기 어려운 착한 사람입니다.

생소할 수 있는 이야기들이지만 읽으면 읽을수록 우리네 이야기이기도 하다는 것을 깨닫습니다. 진솔하기 때문입니다. '텍사스'의 하루하루 그들과 함께 호흡해온 그만이 쓸 수 있는 사실입니다. 서로 다가가기 쉽지 않았을 텐데 어쩌면 그렇게 하나로 살 수 있었는지 성경에 나오는 '남들이 들어가기 꺼리는 사마리아'에 들어간 '빌립' 같습니다.

추천사를 쓰는 나는 그 옆에 6년을 있었지만 얼마 전부터 그 중심지를 걷기 시작하였습니다. 대개는 차를 몰고 지나가는데 이제는 내 차 번호를 알고 피해 줍니다. 이 책을 보면서 참 부끄럽다는 생각이 들었습니다. 다들 사마리아를 피해가듯 피해 가는데 이미선 집사님은 그들과 함께하였습니다. 그냥 함께한 것이 아니고 벗으로 언니로 동네 풋풋한 아줌마로 살고 있습니다.

이 책이 많은 사람에게 읽히면서 세리와 죄인과 몸 파는 여인들과 함께하였던 '예수님을 닮은 예수님의 제자'가 많아져 그들이 외롭지 않기를 소원해봅니다. 이미선 집사님의 이야기는 '텍사스'의 이야기가 아니라 우리의 이야기입니다. 예수님은 세리와 죄인과 몸 파는 여인들의 친구였습니다. 그들과 함께 계셨고 식사도 하셨습니다. 그들을 유별나게 보기보다 우리의 가족으로 생각하고 안고 품고 손에 손잡고 함께 가야 하겠습니다.

이 책을 쓴 이미선 집사님을 칭찬합니다. 그 용기에 찬사를 보냅니다. 부디 그들의 친구로 남으시기 바랍니다. 여러분, 따스한 마음으로 이 책을 추천합니다. 행복합니다.

시대의 그늘에서 올려다보는 파란 하늘

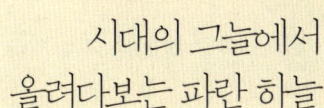

양기엽(경남CBS 본부장, 안산 시온성교회 장로)

저는 이미선 후배를 80년대 초반에 다니던 교회—창경궁 담에 붙어 있는 아담한 교회—에서 대학생부 선후배로 만났습니다. 전두환 군부독재의 탄압이 가장 극심하던 시절이었습니다. 민주와 민생, 인권 회복을 위해 대학생들이 치열하게 고민하고 투쟁하던 때였습니다. 교회 대학생부 역시 마찬가지였습니다. 많은 선후배가 감옥에 가고, 군대에 끌려갔습니다.

많은 젊은이의 희생과 죽음을 딛고 대한민국은 민주화되었습니다. 노동자들의 생존권과 인권도 몰라보게 향상됐습니다. 사회안전망도 선진국 수준에 접근해가고 있습니다. 30년 가까운 세월이 흐른 지금, 저를 비롯한 대다수 선후배 동지들은 이제

'희미한 옛사랑의 그림자'를 추억하며 '살기 위해 살아가는' 기성세대가 되어 일상성과 안일에 탐닉하고 있습니다.

하지만 이미선은 자신의 고향인 '미아리 텍사스 집창촌'에 들어가 성매매 여성과 건설노동자 같은 힘겨운 인생들과 더불어 살아가고 있습니다. 약국을 운영하면서 그들의 애환을 가까이서 지켜보고 안타까워하고 친구가 되어 위로하고 봉사하며, 그들을 위해 간절히 기도합니다.

그는 '지금은 삭막한 콘크리트와 내부순환로의 두꺼운 교각으로 덮여 한 줌의 햇볕조차 들지 않은 죽어버린 정릉천'에서 '고운 물빛과 개구쟁이의 웃음소리로 환히 빛나던' 어린 시절을 보냈다고 회고합니다. 그 맑은 기억이 엄혹했던 80년대 권위주의 시대를 아파하고 저항하며 대학 시절을 불사르게 했고, 끝내는 약사가 되어 어렸을 때 아프게 지켜보았던 성매매 여성들 곁으로 돌아갔을 터입니다.

오늘날 이 땅에 민주정치가 들어서고 경제가 성장하고 복지가 향상된 것은 사실입니다. 하지만 사회의 그늘진 구석은 상존합니다. 날품팔이, 막노동자, 노숙자, 독거노인…… 뿌리 뽑히고 소외된 가난한 사람들은 둘러보면 어디에나 존재합니다.

그중에서도 성매매 여성들의 문제는 특히 심각합니다. 성매매를 근절하겠다고 공권력이 총동원돼 난리법석을 피우지만 그 성과는 지극히 회의적입니다. 성매매야말로 역사적으로 가장 오래된 직업이기도 하거니와 끊임없는 수요가 일어나는 영역이기 때문입니다. 그렇기는 하지만 공급되는 성매매 여성들의 삶의 궤적과 실상을 살펴보면 참담하기 그지없습니다. 인류의 최대 난제임이 분명합니다.

이미선은 성매매 여성들을 오랜 기간 가까이서 지켜보며 그 실상을 가감 없이 전하고 있습니다. 구구절절 전하는 미아리 텍사스의 이야기는 차마 맨 정신으로 읽을 수 없을 정도입니다. 행복의 빛깔은 같을지 몰라도 불행의 빛깔은 다 다르다더니, 버림받은 사람들의 삶의 무늬는 어찌 그리도 가지가지인지 모르겠습니다.

그러나 이미선은 실상을 전하는 데 그치지 않습니다. 내 아픔으로 받아들이면서 하나님께 눈물로 호소합니다. 종교적 차원으로 승화시킵니다. '내 고향 미아리 텍사스의 하늘과 깨끗한 푸름으로 빛나는 제주의 하늘은 같은 하늘이다.' 삼십 대 중반에 들어가 십수 년을 부대끼며 숙성된 인식입니다.

아름답지 않습니까? 귀하지 않습니까? 일독을 권합니다.

차례

추천사·········· 4
프롤로그······ 14

;1부

채 스무 살도 안 된 이 꽃봉오리들을 어이 할까 22 ······ 비틀즈를 좋아하는 전직 권투선수 아저씨 30 ······ 연보랏빛 들꽃을 닮은 여인이 있었습니다 42 ······ 지금 그 이모들은 어디에 있을까 54 ······ 우리 교회 우렁이 각시 64 ······ 준영이 엄마의 고마운 선택 72 ······ 아이들이 너무 먹어요 78 ······ 스물다섯 현아 씨 86 ······ 붕어빵 아가씨 94 ······ 우거지 할머니의 한글 공부 106 ······ 소망이 피어나는 자리 118 ······ 반짝이 이모, 미안해요 126 ······ 카타콤에서 이제 그만 나오세요 134

;2부

상우가 달라졌어요 144 …… 희야 씨, 잘 있나요? 154 …… 중국에서 온 강 언니 162 …… 알리와 친구들 …… 172 예쁜이 권사님의 열심 180 …… 양철지붕 아래 아이들 190 …… 미아리 집창촌의 큰손, 순자 이모 198 …… 방 열 개 있는 집을 달라고 떼쓰는 중입니다 206 …… 아이들이 만나게 될 세상 210 …… 가출 소녀 수정이의 아름다운 날갯짓 218 …… 떠나간 사람들, 돌아온 사람들 224

;3부

뜻밖의 조문 232 …… 엉엉 울고 말았습니다 240 …… 폐지 할머니 리어카 위에 꽃화분 한 개 250 …… 수요일의 성찬 258 …… 아버지 270 …… 잣죽과 감자탕 274 …… 부끄러운 편지 282 …… 두렵지만 가야 할 길 290 …… 교회에서 만난 반가운 이웃 310 …… 세상에서 가장 예쁜 손 304 …… 아름다운 조율 310 …… 노란 복수초를 닮은 그이들 318 …… 작두콩과 사랑초 324

에필로그……332

하나님, 부족하지만 제 따스한 손과 마음으로
그녀들을 만지고 안아주고 싶습니다 ……

그녀들이 밝은 세상을 향하여 한 발 한 발 어렵게
떼어놓을 때 그 손을 잡아주고 싶습니다……

● 프롤로그 ●

사십 년 전의
약속

유난스러운 불볕더위에 긴 장마로 몸과 마음이 물먹은 솜처럼 처지던 여름이 지나갑니다. 아직 그 열기가 여기저기 남아있는 듯해 가을을 맞이하기엔 조금 버겁기도 하지만 아름다운 세상을 향한 발걸음을 경쾌하게 시작하려고 합니다.

 저는 뜨거움을 피하고자 더 큰 뜨거움 속으로 들어가 여름 한철을 보내고 왔습니다. 하나님께서 지으신 아름다운 우리 땅과 바다를 온몸으로 보고 느끼고 만지고 싶어서 제주도 올레길을 걸었습니다. 귀를 깊게 흔드는 파도소리와 더불어 바위산을 넘기도 하고, 풀들이 우거진 오솔길을 지나기도 하였습니다. 오롯이 혼자서 걸어야만 하는 작은 길이기에 저를 깊이 들여다볼 수 있었던 귀하고 가득했던 시간이었습니다. 깨끗한 푸름으로 빛나던 제주의 맑은 바다와 하늘이 제 고향 미아리 텍사스의 하늘과 같은 하늘임을 깨닫기까지 그리 많은 시간이 걸리지 않았습니다. 세상 만물을 창조하시고 생기를 불어넣으신 분이 바로 하나님 아버지이기 때문입니다. 그토록 아름다운 자연을 제주에 주신 하나님께서 이곳에도 같은 하늘과 바람과 별을 주셨으니까요.

 혹시 정릉천을 아시나요? 조선 태조의 계비였던 신덕왕후 강씨의 능인 정릉의 이름을 받은 정릉천은 삼각산 자락에서 흘러내려 월곡동을 지나 청계천과 만나서 너울너울 한강까지 흘러

가는 서울의 작은 개울 중의 하나랍니다. 지금은 삭막한 콘크리트와 내부순환로의 두꺼운 교각으로 덮여 한 줌의 햇볕조차 들지 않는 죽어버린 정릉천이지만, 고운 물빛과 개구쟁이의 웃음소리로 환히 빛나던 시절이 있었음을 저는 기억합니다. 유난히 바위와 자갈이 많아 여름이면 어머님은 동네 아주머니들과 더불어 겨우내 모아 놓은 퀴퀴한 겨울 빨래를 하여 너럭바위에 척척 빨래를 걸쳐놓고, 마침한 돌 사이에 냄비를 걸고 국수를 삶아 깨복숭이로 첨벙첨벙 아이들과 놀고 있는 저를 부르셨지요. 아이들 이름을 부르는 어머니들의 목소리가 개울둑에 울리면 아이들은 벌겋게 익은 얼굴과 등짝을 어루만지며 국수가락을 후루룩 넘겼습니다. 정말 맛있었던, 정말 다시 먹고 싶은 국수입니다.

그리도 환했던 정릉천 둑방에 집들이 들어서기 시작했습니다. 개울 바닥에 커다란 나무 기둥을 박아 사각 귀퉁이를 만들고 그 위에 얼기설기 온갖 나무들을 이어 붙인 그 집들 중에는 예쁜 한복을 입은 언니들이 술을 파는 대폿집도 있었습니다. 그런 술집들이 하나둘 늘어가더니 몇 년 만에 수백 채에 이르렀고 마침내 동네 이름조차 국적 불명인 '미아리 텍사스'로 바꾸어 놓았습니다. 거기에는 성매매 집창촌이라는 꼬리표도 함께 따라다녔습니다.

초등학생이었던 제가 죽음을 처음 마주한 것도 이곳에서였습니다. 저희 집 바로 아래 술집에서 일하던 착한 언니가 시커멓게 죽은 입술에 축 늘어진 몸으로 병원으로 실려 가던 모습을 봐야 했습니다. 일을 쉬는 날에는 맛있는 과자 봉지를 나와 함께 나누던, 얼굴도 곱고 마음도 착했던 언니가 왜 그렇게 자신의 삶을 놓아버려야 했는지 이해할 수 없었습니다. 그저 언니가 너무 불쌍하고 죽음이 무서워서 참 많이 울었습니다. 열심히 돈을 벌어 고향 부모님께 보내 땅을 사고 집도 사주었던 언니가 문상 오는 이 하나 없는 쓸쓸한 마지막을 보내야 한다는 사실이 제게는 큰 충격이었습니다. 한 줌의 연기로 언니가 사라진 뒤, 언니와 한집에서 일하던 다른 언니의 하소연을 통해 그 언니에게 대학생 애인이 있었고 그 애인의 등록금 뒷바라지까지 해주었다는 것을 알았습니다.

그 언니들이 어떻게 사는지를 가까이에서 보았기에 세상의 모진 비난을 받을 만큼 그들이 큰 잘못을 했다고 생각되지는 않았습니다. 그저 이다음에 어른이 되면 좋은 변호사가 되어 그 언니들과 한편이 되고 싶다는 꿈을 가져볼 뿐이었습니다.

신산했던 중고등학생 시절을 보내고 우여곡절 끝에 삼십 대 중반의 가장이 되어 아들아이와 함께 이곳에 다시 돌아왔습니다. 어린 시절 품었던 소중한 꿈과 함께 돌아왔습니다.

제가 약사로 일하고 있는 약국은 속칭 '미아리 텍사스'라 불리는 성매매 집창촌을 가로지르는 자그마한 도로변에 자리 잡고 있습니다. 어린 시절 팔랑거리며 뛰어다니던 골목은 이제 성매매업소들이 늘어선 어두컴컴한 골목이 되어버렸지만 그래도 제겐 햇살 가득한 고향입니다. 어린 제가 이해할 수 없던 죽음을 처음 보았던 곳도 여기였고, 거리에 핀 작은 들꽃처럼 그렇게 사라져가면서 제 가슴한 쪽을 도려내어 며칠을 앓게 만든 죽음을 본 곳도 여기였습니다. 버거운 삶이 그저 무겁기만 하던 저에게, 상처투성이의 제 몸과 마음을 따스하게 품어주고 제가 다시 당당히 걸을 수 있게 거친 제 손을 잡아주었던 곳도 여기였습니다.

이제 저는 조심스레 밀린 숙제를 시작하고자 합니다. 제가 보았던 죽음들과 흩어져버릴 것만 같은 삶의 자락들을 잡고 이어가는 많은 이웃들의 그 귀한 손과 발에 대하여 이야기하고 싶습니다. 아무도 위로해주지 않는다고 원망하는 그들에게 하나님 아버지의 크신 사랑이 함께하신다고 큰소리로 말하고 싶습니다.

사십 년 동안 차곡차곡 쌓아온 저만의 공책을 펼칩니다.

미아리 서신

1부.

미 아 리 는
저   의
고 향 입 니 다

채 스무 살도 안 된
이 꽃봉오리들을
어이 할까

이곳 미아리 집창촌에서 약국을 시작한 때가 1994년이었습니다. 어린 시절을 보낸 고향이었고 부모님께서 살고 계신 곳이기에 제가 돌아갈 곳이 여기밖에는 없었습니다. 성매매 여성들을 직접 만나고 이야기를 하는 일이 별로 어렵지 않다고 생각되어 이곳에서 삶의 터전을 잡았습니다.

약국 일을 하면서 저는 너무 어린 여성들을 많이 만나게 되었고 그 충격 또한 적잖았습니다. 아직 여성이라 부를 수도 없는, 채 스무 살이 안 된 꽃봉오리 같은 그런 아이들이었습니다. 짙은 화장과 속살이 다 보이는 야한 옷차림은 나이를 가늠할 수 없게 했지만 일이 끝나고 화장을 지운 맨얼굴을 대하면 다들 딸 같고 조카 같은 앳된 아이들이었습니다.

한 아이가 머뭇거리면서 들어와 피임약을 달라고 하였습니다. "저…… 이 약을 오늘 먹으면 오늘 피임이 되는 거예요?" 라고 묻는 아이의 눈꺼풀이 바르르 떨리고 있었습니다. 화장조차 깨끗이 지우지 못한 아이의 얼굴에는 두려움과 고단함이 덕지덕지 묻어 있었습니다. 흔들리는 아이의 맑은 눈동자는 제 가슴에 작은 샘물 하나를 흐르게 하였습니다.

아이를 붙잡고 임신과 생리, 그리고 올바른 피임법에 대하여 자세하게 이야기해 주었습니다. 갓 고등학교를 마친 아이는 여성으로서 자신의 몸이 얼마나 귀하고 소중한지 알지 못하였지요. 이제 막 여물기 시작한 자신의 몸을 건강하게 지키기 위해서는 어떻게 해야 하는지 알지 못하였고 고민도 한 적이 없다고 말하는 그 아이를 어찌해야 할까……. 참으로 난감하였습니다. 삼십 대 중반이었던 저는 마음속에 분기가 가득 차 있었기에 그런 막막한 상황을 만나게 되면 솟아오르는 분노를 누그러뜨리지 못하고 부글거리곤 했지만 그렇다고 그 아이에게 화를 낼 수는 없었습니다. 여자아이에게 제대로 된 성교육조차 하지 않는 학교를 원망할 수도 없었지요.

그 아이는 학교를 제대로 다닌 기억이 없다고 했습니다. 어려운 가정형편 탓에 이곳저곳 이사를 해야 했고 삼 남매의 둘째 딸이었던 그 아이와 언니, 남동생 그리고 어머니 아버지 이렇게 온 식구가 함께 모여 오순도순 밥을 먹어본 기억이 없다고 했습니다. 따스한 가정 안에서 자랐으면 참으로 곱게 예쁘게 그리고 당당하게 자신의 삶을 헤쳐나갈 빛나는 스무 살이었을 텐데 그 누구도 원망하지 않는 그 아이에게 참으로 많이 미안했습니다.

그동안 그런 아이들을 참 많이 만났습니다. 어려운 가정형편 탓에 등록금을 제대로 내본 적이 없었고, 그게 창피해서 학교를 제대로 다닐 수 없었고, 아르바이트를 하자니 학력도 달리고, 종일 땀 뻘뻘 흘리면서 일하고 받는 돈은 쥐꼬리만큼이고, 그나마 부모님께 드리고 나면 남는 것도 없었고, 용돈 넉넉해

옷 사 입고 군것질도 맘껏 하는 아이들이 너무 부러웠고, 거지처럼 구질구질하게 사는 게 너무 싫어서 그다음 할 일은 집을 나오는 것이었다고. 근데 막상 나와 보니 생각보다 아주 별로라고, 자기도 약사 이모처럼 공부 잘하고 싶었는데, 그래서 부모님께 칭찬받고 싶었는데……. 그렇게 이야기하는 아이에게 저는 할 말이 없었습니다.

친구 핸드폰이 부러워 엄마를 졸라 샀는데, 덜커덕 수십만 원의 요금이 나오자 엄마한테 혼나고 핸드폰 뺏길 생각에 겁도 나고 무서워서 집을 나와버린 아이도 있었습니다. 처음엔 친구 집에서 며칠 지내다가 엄마 화가 가라앉으면 들어가야지 했는데, 이미 너무 멀리 와버리고 말았습니다. 제가 그 아이와 이야기를 나누었을 때 그 아이 나이가 겨우 스무 살이었습니다.

일류 브랜드 옷을 사 입고 예쁘게 자랑하고 싶은데 아무리 졸라도 눈 하나 깜짝 안 하는 엄마. 새벽에 나가 일하다 한밤중에야 들어오는 부모를 기다려 옷 사게 돈 달라고 조르다가 아빠에게 대차게 귀싸대기를 맞았습니다. 아이는 맞는 순간 눈에 빙글빙글 돌아가는 별이 보였다고 하였습니다.

"너는 자식이 아니고 웬수야, 웬수! 땀투성이로 돌아온 부모에게 안부도 묻지 않고 그저 돈만 달라고 조르는 네가 무슨 인간이냐."

웬수라고……. 아이는 슬리퍼 차림에 주머니에 있던 천 원짜리 두 장을 들고 그대로 집을 나왔다고 합니다. 오 년이 지난 지금 그 아이는 스물두 살짜리 아가씨가 되어 이곳에서 일하고 있습니다.

하나님 아버지께서는 제게 그런 아이들을 보내 주셨습니다. 제가 무엇을 어떻게 할 수 있을까요? 아이들의 이야기를 듣다 보면 가슴이 먹먹해지고 쏟아지는 눈물을 참느라 참 많이 힘들었습니다. 별다른 능력도 없고 가진 것도 그리 많지 않은 제게 하나님 아버지께서는 힘든 숙제를 참 오랫동안 주셨습니다. 하나님 아버지께로 향하는 제 마음이 맑아지고 곧아질수록 숙제를 주신 하나님 아버지께서는 숙제를 풀 방법도 주실 것임을 믿게 되었습니다. 어쩌면 저와 함께 하나님 아버지께서도 답을 풀고 계신지도 모르겠습니다.

아이들은 자신이 저지른 잘못에 대해서 너무 야단을 많이 맞아왔습니다. 지금의 삶이 그 아이들에겐 가장 깊고 참혹한 벌입니다. 학교에서, 집에서, 그 어디에서도 마음 붙일 곳이 없었던 아이들에게는 그저 아무것도 묻지 않고 자신을 무조건 믿어주고 안아줄 누군가가 필요했습니다.

아이와 눈을 맞추고, 아이와 입을 맞추고, 아이가 하는 쌍소리를 한두 번쯤은 얼굴 구기지 않고 들어주고, 그 아이들의 언

미아리 서신

어를 한두 개 배워서 맞장구도 쳐주고 그리고 안아주었습니다.

　하나님 아버지께서 우리를 무조건 기다리고 무조건 사랑하듯이 그렇게. 집을 나갔던 아들이 돌아온다고 온 마을 잔치를 베푸는 아버지처럼 그렇게. 온 정성을 품어 섬기는 그런 깊은 사랑을 우리가 그렇게 많이 받았으니 이제는 우리가 파이프 되어 우리 속에 가득 들어 있는 사랑의 샘물, 축복의 샘물, 기쁨의 샘물이 콸콸 세상으로 흘러갔으면 좋겠습니다.

아이들은 자신이 저지른 잘못에 대해서
너무 야단을 많이 맞아왔습니다.
지금의 삶이 그 아이들에겐 가장 깊고 참혹한 벌입니다.

비틀즈를 좋아하는
전직 권투선수 아저씨

아직도 따가운 햇살이 버겁기는 하지만 그래도 가을 햇살은 모든 곡식이 익어가는 귀한 기운이라는 어르신들의 말씀을 마음속에 새기게 되는 청명한 가을날입니다. 가을은 지난여름 각자의 삶 속에서 어떤 결실을 영글게 했나 돌아보게 하는 계절이기도 하지요. 혹시 생각나시는지요? 초여름 무렵이라고 기억되는데 스물세 살의 젊은이가 권투를 하다가 링에서 쓰러져 하나님의 나라로 가버린 가슴 아픈 일이 있었지요. 시합 도중에 상대방 선수의 주먹을 맞고 쓰러진 선수의 기사를 보면서 제 기억 한편에 아프게 자리하고 있는 또 다른 권투 선수의 슬픈 자화상이 머릿속에 떠올랐습니다.

전직 권투 선수였던 최 씨 아저씨는 우리 동네에서 십 년을 넘게 살았으나 동네 사람 누구도 기억하지 않는 그림자 같은 사람이었습니다. 아저씨와 제가 인연을 맺은 것은 비틀스의 '렛 잇 비'라는 노래 때문이었습니다. 건설 현장에 일하러 다니는 아저씨는 힘든 노동을 하셨기에 약을 사러 자주 들렀습니다. 노임을 받은 날에는 몸에 좋은 영양제를 먹어야 한다며 사 갔고, 힘들게 일을 해 근육통이 생긴 날에는 파스나 진통제를 사 가기도 했지요. 언젠가 라디오에서 흘러나오는 '렛 잇 비'를 따라서 흥얼거리는 저를 보더니 아저씨가 말했습니다.

"저 노래 나도 좋아하는 노래인데, 약사 양반도 좋아하나 보네, 후후후. 그럼 우리 친구 먹어도 되겠네."

그렇게 아저씨와 저는 친구가 되었습니다.

"약사 양반, 아니 친구. 내 주먹 좀 함 봐 봐, 얼마나 탄탄한지. 내가 이래 봬도 아마추어 국내 챔피언까지 먹은 사람이야. 누구 속 썩이거나 건들거리는 사람 있으면 나한테 다 이야기해. 한 방에 보내버릴 테니까."

아저씨의 주먹은 남들보다 훨씬 컸고 야무졌으며 탄탄했습니다.

"약사 양반, 자네는 이렇게 흰 가운 입고 우아하게 일하고 있지, 나는 시멘트와 함께 살고 있어. 무거운 철근을 양어깨에 지고 올라가서 기둥 자리에 넣고 거기다가 콘크리트를 붓는 거야. 와르르. 그렇게 기둥이 생겨야 벽도 만들고 해서 건물을 지을 수가 있는 거지. 그러니까 철근쟁이가 엄청 중요하지. 내가 바로 철근쟁이야."

건설 현장에서 가장 힘든 일이라는 철근 일을 하는 아저씨는 참 당당해 보였습니다. 일이 힘들었기에 받는 노임도 많았고 기운이 좋은 아저씨는 인기 있는 철근쟁이였습니다. 그렇지만 아저씨는 종종 삶의 무거움을 술로 달랬습니다. 자신의 처지를 원망하다가 술을 많이 마시게 되는 날에는 평소와 다른 거친 모습으로 온 동네를 휘젓고 다녀 동네 사람들의 원성을 사곤 했습니다. 밤늦게까지 문 여는 가게가 많은 동네이고 술에 취한 사람들 또한 많은 곳이었기에 크고 작은 싸움들로 동네는 밤새 시끄러웠는데 아저씨는 그런 싸움들에 늘 휘말리곤 했습니다. 젊었을 때 권투 선수였던 아저씨의 주먹은 지금도 힘이 있고 위협적이었습니다. 아저씨의 주먹에 얻어맞은 사람들은 여기저기가 찢어지고 망가져 병원 신세를 지기 일쑤였고 아저씨는 경찰서를 자주 들락거리게 되었습니다. 폭행사건 피해자와 합의를 보기 위해 그간 노동일을 하여 어렵게 모아둔 돈을 부숴야 했던 아저씨는 가끔 합의금이 부족하면 한동안 모습을 보이지 않기도 했습니다.

오랜만에 환하게 웃으면서 약국 문을 밀고 들어오는 아저씨는 까칠한 얼굴에 후줄근한 철 지난 옷차림으로 나타나 목소리만은 힘차게 말했습니다.

"어이 친구 잘 지냈나! 짜식이 합의를 안 해주잖아. 나를 봉으로 생각했는지 터무니없이 세게 부르는 거야. 그까짓 것 몸으로 때우는 게 낫지. 벌금노역 살다 왔어."

어디 아프신 데는 없는지 아저씨가 걱정되어 이것저것 물어보는 저에게 아저씨는 일없다면서 손사래를 치고 맙니다. 한 해 두 해 지나면서 아저씨는 그렇게 시나브로 망가져가고 있었습니다. 툭하면 사고를 치고 사라졌다 나타나기를 반복하는 아저씨를 건설 현장에서도 더는 반기지 않았습니다. 이곳저곳 아저씨를 거절하는 손길들이 많아질수록 아저씨의 주먹은 거칠어지고 아무하고나 아무 데서 들이받기 일쑤였습니다. 치아가 하나둘씩 부러지고, 제대로 꿰매지 않은 얼굴의 상처는 그대로 흉이 되어 인상마저 날로 험악해졌습니다.

세상과의 끈을 자꾸 놓아버리려는 듯 망가져가는 아저씨를 동네 사람들은 점차 외면하기 시작했습니다. 그리고 저 또한 암묵적으로 이에 동조하는 것 같은 불편한 느낌이 강하게 밀려왔음을 고백합니다. 강도 만난 이웃에게 사랑을 주고 집에 데려와 살펴주었던 사마리아인 같은 삶을 저는 살 수 없었던 걸까요? 피투성이 이웃을 거리에 버려두고 제사를 지내야 한다며 걸음을 재촉했던 제사장의 그림자가 제 삶에 살짝 덮여 있음을 보게 되었습니다.

술 냄새와 악취가 진동하는 아저씨가 약국에 들어올라치면 저는 음료수와 피로회복제를 들고 뛰어나가 아저씨께 드렸습니다. 영문을 모르는 아저씨는 약사 친구가 뛰어나와 환대한다고 좋아라 하였으나 사실은 약국에 있던 다른 손님이 불쾌해할까 봐 제가 미리 선수를 쳐서 움직인 것이었습니다. 그런 상황이 아저씨와 나 사이에 시시때때로 벌어졌습니다.

일자리가 없었던 아저씨는 술에 취해 온 동네를 헤집고 다니

미아리 서신

면서 괜스레 사람들과 시비를 걸기도 하고, 멀쩡한 남의 가게 유리창을 야구 방망이로 깨버리기도 했습니다. 유리창이 망가져도 가게 주인은 경찰에 신고하거나 아저씨에게 항의조차 하지 않았습니다. 그런다고 유리값을 변상할 것도 아니고 기껏해야 유치장에서 벌금형을 살다 나오니 오히려 후환이 두려워 흐지부지 넘어가는 일이 더 편했기 때문입니다.

그러던 아저씨에게 크나큰 위기가 찾아왔습니다. 아저씨가 세 들어 살고 있는 집의 주인이 아저씨한테 나가달라고 한 것입니다. 온 동네 사람들과 시비를 걸고 허구한 날 싸움만 하는 세입자인 아저씨가 편할 리 없었던 집주인은 기한이 끝나자 어떻게든 아저씨를 내보내려고 하였습니다. 집주인은 손에 전세금 일백오십만 원을 들고서 온 사방으로 아저씨를 찾아다녔고, 아저씨는 받지 않으려고 집주인을 피해 다녔습니다. 어쩌다 둘이 골목에서 만나기라도 하면 한쪽에선 받아라, 한쪽에선 못 받는다 하면서 온 동네가 시끄러워졌습니다. 사실 그 돈으로는 어디서도 전세방을 얻을 수가 없었습니다. 결국 경찰까지 출동해 집주인의 요구는 정당한 것이니 수일 내로 집을 정리하라고 아저씨에게 일렀습니다. 아저씨가 구경하는 동네 사람들에게 도와달라는 눈길을 보냈으나 아무도 그 눈길을 받아주지 않았습니다. 아저씨는 그저 소리를 질러댈 뿐이었습니다.

"난 나갈 수가 없어. 갈 데가 없어……. 어쩌란 말이야……."

아저씨의 울부짖음은 수년이 지난 지금도 제 귀를 울리고 있습니다.

그렇게 아저씨는 동네를 떠나갔습니다. 아저씨가 언제 어디로 이사를 갔는지 알 수도 없었습니다. 가끔 아저씨 생각이 났으나 굳이 소식을 알아보려고 하지는 않았습니다. 그런데 얼마 전 아저씨가 약국에 들렀습니다. 더 하얘지고 듬성듬성해진 머리칼과 성한 치아를 찾기 힘든 잇몸 상태가 그간의 시간을 말해주었습니다.

"약사 양반 오랜만이지. 나 최강식 이렇게 죽지 않고 살아 있어, 하하하. 동생들하고 피로회복제 좀 먹으려고 하는데, 내가 오늘 지갑을 안 가지고 왔네."

검버섯이 핀 얼굴에 깊이 팬 주름 속에 웃으시는 아저씨에게서 허한 기운을 읽어낼 수 있었습니다. 부끄러웠던 저의 모습과 무력함이 떠오르면서 가슴이 먹먹하였습니다. 아저씨는 함께 노숙하는 아저씨들과 피로회복제를 마시기 위해 약국에 들르곤 했고, 저로서는 수중에 돈이 없는 아저씨에게 몇 병의 피로회복제와 알약을 드리는 것이 그리 어려운 일은 아니었습니다. 약봉지를 받아 든 아저씨는 무척이나 기뻐 보였습니다.

"거 봐, 약사 양반하구 나하고 친구사이라니까. 이 정도쯤이야 우습지 뭐. 그렇지, 약사 친구?"

아저씨는 함께 온 사람들에게 자랑을 하며 일일이 병을 따서 나누어 주었고, 사람들은 어쩔 줄 몰라하는 기색으로 받아 마시면서 함께 이야기를 나누는 듯했습니다.

아저씨를 만난 이래 십수 년 만에 처음으로 저는 아저씨가 이제 그만 아저씨의 삶을 얽매고 있는 그 무거운 짐을 내려놓으면 좋겠다는 생각을 했습니다. 육십 평생 살아오면서 갖게 된 그 많은 분함과 억울함의 시작이 어디인지 제가 알지는 못합니다. 다만 오래전 아저씨가 제게 했던 이야기를 기억합니다. 아내와 아들이 있지만 연락을 끊어 어디서 사는지 알 수 없다던……. 아마도 자신의 진심을 몰라주는 세상이 그 오랜 분노의 처음일 것입니다.

살아가면서 만나게 되는 크고 작은 문제들과 얽힌 사람과의 관계의 실타래를 푸는 일은 어찌 보면 우리네 사람들의 영역이 아닐는지도 모르겠습니다. 하나씩 길을 잡아 풀어보려 해도 어느새 더 엉키고 더 어지러워져 두 손 두 발 놓고 털퍼덕 주저앉아 울고 마는 모습을 삶 가운데 종종 보게 됩니다. 아저씨가 혼자 지고 가기에는 너무 무거운 짐이라는 사실을 아저씨도 아셨으면 좋겠다는 생각을 하였습니다. 어쩌면 우리는 모두 자신의 멍에가 세상에서 제일 무겁다고 생각하며 자학하거나 불평만 늘어놓을 뿐 여전히 그 멍에 아래 허덕이면서 지난한 삶의 자락을 이어가고 있는지도 모르겠습니다. 오늘도 약국 앞 골목길 포장마차에서는 돌아갈 곳이 없고 반겨줄 가족이 아무도 없어 가슴 한쪽이 무너져 내리고 있는 사람들을 많이 보게 됩니다.

스스로 할 수 없음을 무릎 꿇어 고백하고 하나님 아버지의 따스한 품 안으로 달려올 수 있게 그들의 마음 길을 열어주시옵소서. 삭정이만 남은 앙상한 마음에 하나님 아버지의 크신 사랑과 축복으로 연초록의 새싹이 날 수 있게 허락하여주시옵소서. 세상의 그 어떤 것으로도 채울 수 없는 우리 삶의 허망함을 깨닫게 하시고 그 길의 끝에 계시는 하나님 아버지를 만나는 축복을 허락하여주시옵소서. 하나님 아버지의 형상을 따라 지음 받은 저희가 얼마나 귀하고 소중하며 아름다운 존재들인지 알게 되어 어깨 펴고 허리 곧추세우고 당당히 걸어갈 수 있는, 그리하여 하나님 아버지의 이름으로 사는 삶이 얼마나 가득할 수 있는지 아는 저희 되게 하옵소서. 아멘.

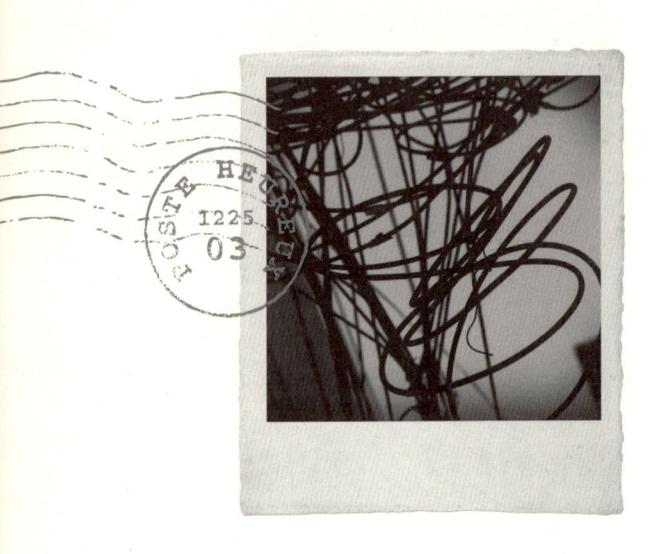

살아가면서 만나게 되는 크고 작은 문제들과

얽힌 사람과의 관계의 실타래를 푸는 일은

어찌 보면 우리네 사람들의 영역이 아닐는지도 모르겠습니다.

하나씩 길을 잡아 풀어 보려 해도 어느새 더 엉키고 더 어지러워져

두 손 두 발 놓고 털퍼덕 주저앉아

울고 마는 제 모습을 삶 가운데 종종 보게 됩니다.

연보랏빛 들꽃을 닮은
여인이 있었습니다

밤낮의 기온차가 유난히 심한 가을에는 감기 환자가 부쩍 많아집니다. 저도 몸이 좀 찌뿌드드하여 어제는 가벼운 나들이를 하였습니다. 주일 아침 부지런히 움직여서 일찍 예배를 드리고 운동화 끈을 동여매고 발을 내디뎠습니다. 신선한 공기와 나무 냄새의 유혹 끝에 제 발길이 다다른 곳은 북한산이었습니다. 백운대까지는 오를 수 없었지만 천천히 노래 몇 자락을 흥얼거리면서 고개를 넘어가니 몸도 너울너울 마음도 살랑살랑 가벼웠습니다. 조금 오르다 보니 연보라색의 개미취 군락이 눈에 들어왔습니다. 우리나라 어느 산길이나 흐드러지게 핀 개미취는 소박한 들꽃입니다. 아주 작은 꽃송이가 기다란 줄기 끝에 떨어질 듯이 위태하게 달린 꽃의 모습은 애처로워 보이기까지 합니다. 제가 예전에 잠시 알았던, 지금은 여기에 없는 한 여인이 유난히 생각나는 이유는 그녀의 애처로움이 꽃의 그것과 많이 닮아 있기 때문입니다.

그녀를 처음 만난 때는 오 년 전 초봄이었습니다. 연보랏빛 드레스를 입고 폴짝폴짝 뛰어 들어와 "약사 이모, 피임약 하나만 주세요."라고 해맑게 웃으면서 그녀는 말했습니다. 가게에서 입는 드레스를 갈아입지도 않고 그냥 입고 나온 그녀는 꽤 바빠 보였습니다.

"깜박했어요, 약 먹는 일을. 후유 큰일 날 뻔했네."

제가 주는 물 한 잔에 피임약 한 알을 삼킨 그녀는 물컵을 내려놓으면서 고맙다는 말을 하였습니다. 컵을 앞에 둔 그녀의 두 손은 가지런하였습니다. 그녀와의 짧은 인연은 그렇게 시작되었습니다.

약국 근처에 있는 성매매 업소에 일하던 그녀는 가게에서 친하게 지내는 사람이 없었는지 가끔 약국에 들렀습니다. 이곳에서 일하는 사람들은 낮과 밤이 바뀌어 사느라 다른 세상 사람들과 어울리기가 쉽지 않습니다. 그래서 이곳 사람들끼리 서로 마음을 열고 너나들이로 어울려 살아가는 모습을 자주 보게 됩니다. 집창촌의 하루가 끝나는 아침이면 불콰하게 취한 얼굴로 어깨동무를 하고 가방을 흔들면서 퇴근하는 이모들의 모습에서 사람 냄새를 맡기도 합니다. 어떤 때는 영양제를 사러 함께 약국에 들렀다가 서로 돈을 내겠다고 지갑을 든 채로 목청 높여 싸우는 이모들도 가끔 있습니다.

그녀는 하루가 멀다 하고 약국에 왔으며 약을 사가는 날보다는 함께 이런저런 이야기를 나누고 수다를 떨고 가는 날이 더 많아졌습니다. 그녀는 미아리 텍사스라고 불리는 이 동네와 세상 모든 것에 대하여 궁금해하였습니다.

"왜 이 동네는 모든 아줌마를 이모라고 불러요?"

"글쎄요. 나도 잘은 모르지만 이 동네가 생긴 지 사십 년이 넘었고 세월이 지나면서 생긴 관습일 거예요."

"이모들이 참 많아요. 주방 이모, 미용 이모, 세탁 이모, 마담 이모, 하하하. 그리고 약사 이모까지. 처음에 그렇게 부르려니 얼마나 쑥스러웠는지 몰라요. 뭐, 이모라고 불러본 사람이 없어서……."

보육원에서 자란 그녀는 부모에 대한 기억이 하나도 없다고 했습니다. 늘 머리 한쪽이 텅 빈 느낌이 들었는데 그건 아마도 무참히 잘려버린 부모와의 끈 때문일지 모른다는 생각을 중학생 무렵부터 해왔다고 합니다. 그리고 그저 다른 사람들처럼 그렇게 평범하게 세상 속에서 살고 싶었다고 그녀는 이야기했습니다.

그녀는 바다처럼 넓은 세상에서 훨훨 갈매기처럼 자유롭게 날고 싶어서 정말 열심히 일하였습니다. 그러나 고등학교를 겨우 마치고 만난 세상은 별다른 사회 경험이 없는 그녀에게 그리 녹록하지 않았습니다. 이런저런 일을 하다가 편의점 아르바이트를 하게 되면서 조금씩 자리를 잡을 수 있었습니다. 받는 돈은 조금이어도 사람들과 많이 부딪히지 않아 좋았고, 근무시간이 늘어나면서 돈도 조금씩 모을 수 있었습니다. 일 끝나고 가는 길에 그녀는 근처 식당에 들러 저녁을 먹곤 했습니다.

"요 앞 편의점에서 일하는 아가씨네. 이리 가까이서 보니 참 참하네."

시나브로 친해지게 된 식당 아주머니는 그녀의 신산한 삶을 알게 되면서 더욱더 그녀에게 잘해주었습니다. 그즈음 계산 일을 보던 주인아주머니의 조카가 시집을 가게 되었습니다. 그래서 주인아주머니가 그녀에게 힘든 편의점 일 그만두고 식당에 와서 경리일 좀 봐달라고, 월급은 섭섭지 않게 주고 빈방도 있으니까 멀리서 다닐 필요도 없다고 제안했습니다. 그녀는 잠시 고민하였지만 친딸처럼 챙겨주시는 주인아주머니의 따스함이 더할 나위 없이 좋았기에 이내 식당에서 숙식을 해결하면서 지내게 되었습니다. 바쁜 점심시간이면 식당 계산대에서 열심히 돈을 받고, 카드도 열심히 긁었고, 그릇도 열심히 날랐습니다.

"여기 김치 좀 더 줘요."

"네, 갑니다. 잠시만 기다리세요."

"김치찌개 두 개 드셨죠? 만 원입니다."

나중에 시집가면 신랑에게 맛있는 반찬 만들어주려고 갖가지 반찬 만드는 방법도 익혔고, 청국장과 동태찌개 끓이는 법도 열심히 배웠습니다. 정신없이 점심시간이 지나면 갖은 채소를 넣어 부침개도 지져 먹고 척척 밀가루 반죽을 밀어 싹싹 썰어서 맛있는 칼국수도 만들어 먹었던 그 시절. 주인아주머니가 그녀를 아끼고 품어주며 알뜰살뜰 살펴주었던 그때가 아마도 그녀의 삶에서 물빛처럼 환히 빛나고 도란도란거리던 시절이었을 것입니다.

그러다가 그녀의 눈에 한 청년이 들어오기 시작했습니다. 그녀에게 친절하고 가끔 함께 일하는 식당 식구들의 간식까지 챙겨주던 청년이었습니다. 누군가를 가슴에 품는 일이 두렵기는 했지만 너무나 가슴 뛰고 설레는 일이어서 그에게로 향하는 마음 길을 접을 수가 없었노라고 말하는 그녀의 눈빛은 형형하였습니다. 주인아주머니가 청년을 별로 탐탁지 않아 했던 것을 그녀는 알지 못했습니다. 아니 알았다 하더라도 그리 달라지지 않았을 것입니다. 그녀에게 그 청년은 처음 사랑이었기에. 자신도 그 청년을 많이 품고 있음을 알게 되면서 식당 식구들의 눈을 피해 몰래 데이트를 하였습니다. 스무 살이 갓 넘은 그녀가 아는 세상은 참으로 좁았던 것이지요.

뜻하지 않게 아이가 생겼을 때 아이 아빠는 난감해하면서 다음을 이야기했지만 그녀는 그리할 수 없었습니다. 자신이 아이를 낳아 엄마가 될 수 있다는 생각을 한 번도 해본 적이 없었습니다. 엄마가 되는 사람들은 좀 다르고 특별해야 하는 줄 알았습니다. 그녀는 진짜 엄마가 되고 싶었습니다. 자신의 몸속에서 아기가 자라고 있다는 사실만으로도 그녀는 세상을 다 품은 사람처럼 가득했습니다. 어떻게 내 품속으로 들어온 아이인데……. 초음파 사진을 찍은 날, 그녀는 아이와 만났습니다. 뛰고 있는 심장 소리를 듣던 날, 아이의 속삭임을 들었습니다.
'엄마…….'

그렇게 아이를 품고 행복했던 시간은 벚꽃잎 떨어지듯 가뭇없이 사라졌고 이제 남은 것은 발끝까지 시리고 시린 현실이라는 차가운 벽이었습니다. 점차 배가 불러오면서 힘들어진 그녀는 식당일을 그만두었고 몇 달 뒤 그녀를 닮아 아주 고운 딸아이를 낳았습니다. 젖을 물릴 때 만져지는 아이의 말랑함, 아이에게서 나는 비릿한 젖내음, 목욕시킬 때마다 느끼는 가득함, 힘차게 빨아대는 아기의 오물거리는 입술, 자는 아기의 새근새근 숨소리, 토닥토닥 아이를 재울라치면 핏줄을 타고 올라오는 아이의 심장 고동소리……. 이 모든 것들이 그녀를 감쌌고 그녀를 가득 채워 눈물 나게 하였으며 그녀를 행복하게 했습니다. 그러면서 한편으로는 '어쩌자고 나의 엄마는…… 아빠는…….' 하고 자신을 버린 부모에 대한 원망이 더 커지기도 했습니다.

예쁜 딸아이 덕분에 세상을 얻은 듯했으나, 정작 남편과의 사이는 삐거덕거리기 시작했습니다. 세 식구가 살아가기에는 너무 가진 게 없었고, 어디 가서 돈 한 푼 빌릴 수 없는 고아였던 아내를 향한 남편의 짜증도 점점 도를 더해갔습니다. 술에 취해 살림살이를 집어던지는 통에 집안은 난장판이 되어버렸고 그녀와 아이는 방구석에서 벌벌 떨고 있어야 했습니다. 그녀는 이해할 수 없었습니다. 자신을 사랑한다던 남편이 왜 저렇게 변한 것인지……. 사람이 사람을 사랑하는 일은 오롯이 그 사람을 받아들이고 품는 일이라고 그녀는 생각했기에 변해가는 남편 앞에서 그저 하염없이 눈물만 흘릴 뿐이었습니다. 급기야 남편은 그녀와 아이에게까지 손을 대기 시작하였습니다.

그렇게 악다구니 같은 시절을 보내고 그녀는 남편과 이혼을 하였습니다. 보육원에서 나올 때처럼 달랑 옷 가방 하나 들고, 한때나마 보석처럼 빛났던 보금자리를 떠나 손잡아줄 사람 안아줄 사람 하나 없는 세상으로 던져졌습니다.

딸아이 양육 문제는 그녀의 몫이 될 수 없었습니다. 세상에서 유일한 핏줄이며 자기와 가장 닮은 그리고 그녀의 살아가는 의미인 아이를 볼 수 없는 삶은 상상조차 할 수 없는 일이었노라고 그녀는 이야기했습니다. 전문가에게 물어보니 학력도, 경제적 능력도, 변변한 직업도 없는 그녀가 양육권 소송에서 이기는 일은 불가능하며 약간의 재산이 있어야 그나마 가능하다는 이야기만을 들었습니다. 그전에 일하던 식당에서 다시 일을 시작하였지만 수입이 턱없이 부족하였고, 새로운 일거리를 찾기 위해 벼룩시장을 뒤적이던 그녀는 월수입 몇백 보장이라는 문구를 보고 전화를 걸었습니다. 성매매 집창촌에서 일해야 한다는 것을 처음 알았을 때는 너무 무서웠지만 그녀는 어쩔 수 없었노라고 했습니다.

"근데 있잖아요, 약사 이모. 내가 여기서 일을 하다 보니까 얼굴 한 번 본 적 없는 엄마가 왜 그리 보고 싶은지 모르겠어요. 막 아이 낳고 그럴 때는 엄마가 참 미웠거든. 이렇게 이쁜 내 아이를 어떻게 버리고 살 수 있었을까 하고……. 근데 나도 이렇게 살고 있잖아요. 아이 얼굴도 보지 못하고……. 울 엄마는 얼마나 괴로웠을까요? 자신의 탯줄을 끊고 나온 자식을 거두지 못하고 가야 하는 그 심정은……."

누구에게도 아무런 도움을 받을 수 없었던 그녀가 가장 험하고 거친 이곳에서의 삶을 시작하면서 변하였던 것입니다. 놓아버림으로, 낮아짐으로 그녀는 더욱 가득 차게 되었습니다.

아버지 사업이 망하여 어렵게 학창시절을 보내면서 부모님 원망을 참으로 많이 하였던 저는 많이 부끄러웠습니다. 제가 틀어놓은 복음성가를 들으면서 "이 노래가 참 좋다. 근데 괜스레 눈물이 나네요." 하며, 그녀는 돈을 많이 벌어 이곳을 떠나게 되면 교회를 다녀야겠다는 이야기를 자주 하였지요. 자긴 죄를 많이 지었으니까 교회에 나가 하나님을 만나서 다 용서받고 싶다고 하였습니다.

3월의 어느 주일이었습니다. 예배를 마치고 점심을 먹으려는데 교회 마당에 모여 있는 식구들이 웅성거리는 소리가 들려왔습니다. 나가 보니 저희 약국이 있는 골목에서 희뿌연 연기가 올라오고 있었습니다. 건물에 불이 난 것 같다며 수군대는 사람들의 이야기를 뒤로 하고 약국 쪽으로 달려갔습니다. 불이 난 건물은 제 약국 건물 바로 앞에 있는 성매매 업소 건물이었습니다. 보랏빛 꽃을 닮은 여리고 아픈 그녀가 일하는 가게였습니다.

순간 가슴이 철렁하였고 정신이 혼미해졌습니다. 급수차를 동원한 화재 진압은 수 분 만에 이루어졌습니다. 그녀가 살아 있을 거라 믿었습니다. 연기가 나온 지 채 십 분도 안 돼서 불을 껐고 계속 뿌려대는 물로 골목 앞은 작은 개울을 이루게 되었지요. 그러고도 더 많은 급수차와 소방대원이 동원되어 마침내 작은 불씨까지도 깨끗이 마무리되었습니다. 연기와 매캐한 냄새를 뚫고 분주히 움직이던 소방대원 아저씨들 사이에서 사람이 몇 명 죽은 것 같다는 이야기가 들렸습니다. 그녀의 얼굴을 볼 수 없었던 저는 두려움에 두근거리는 심장을 부여잡고 약국에 앉아 지켜보았습니다. 화재 장소가 정리되고 서너 시간 뒤에 불에 탄 작은 시신들이 나오기 시작했습니다. 거기에 그녀가 있었습니다. 세상에서의 유일한 인연인 자신의 딸아이를 키우고 싶다던 그녀가 거기 있었습니다. 자신을 버린 부모를 온몸으로 껴안은 그녀가 거기 있었습니다. 교회를 다녀 자신의 어두운 죄를 회개하고 싶다고 고백한 그녀가 거기 있었습니다.

> 비록 무화과나무가 무성하지 못하며
> 포도나무에 열매가 없으며
> 감람나무에 소출이 없으며
> 밭에 먹을 것이 없으며
> 우리에게 양이 없으며
> 외양간에 소가 없을지라도
> 나는 여호와로 말미암아 즐거워하며
> 나의 구원의 하나님으로 말미암아 기뻐하리로다.

하나님 아버지 품에 안겨 행복하게 웃고 있을 그녀가 보고 싶습니다.

지금 그 이모들은 어디에 있을까

봉숙이 이모가 벌써 퇴근을 하는지 약국 앞길을 막 지나갑니다. 봉숙이 이모는 10년 경력이 넘는 낮 주방 이모인데 몸이 많이 불편하십니다. 온몸의 모든 관절이 다 틀어져서 추워지거나 일을 많이 하면 관절 부위가 많이 붓고 전신 발열로 끙끙거리면서도 쉬지 않고 일을 하십니다. 미아리 집창촌 가게들은 일층 건물 위에 이 층 삼 층을 올리거나 지하를 파서 지하층을 만들거나 하였기 때문에 계단경사가 급하고 면적도 아주 좁은 경우가 대부분입니다. 그런 건물을 오르락내리락하면서 정리 정돈과 청소를 하는 주방 이모들은 대개 관절이 많이 상할 수밖에 없습니다. 나이가 환갑이 넘은 봉숙이 이모는 그중에서도 좀 더 심한 편입니다. 병원에서 힘든 일을 하면 안 된다는 말을 들은 지도 벌써 십 년이 다 되어간다고 하십니다. 그 십 년 동안 봉숙이 이모의 아들은 대학을 졸업하였고 군대를 다녀와서 대학원에 다니고 있습니다. 이모의 손가락 관절 부위는 누가 봐도 알 수 있을 만큼 튀어나와 있습니다. 보이지 않는 관절 부위들 또한 이미 그 수명을 다하여 자기 맘대로 뭉그러지고 있을 것입니다.

몇 해 전 추수감사절 때 하나님 아버지의 사랑을 함께 나누기 위해 미아리 집창촌 사람들에게 햅쌀로 만든 맛있는 떡을 나누어 주는 행사를 하였습니다. 동네 지리를 가장 잘 아는 제가 길잡이를 하여 교회 식구들이 집창촌 구석구석 다니면서 만나는 이모들에게 떡을 나누어 주고 하나님 아버지의 축복 말씀도 함께 전하니 주는 사람들도 받는 사람들도 평안한 시간을 보냈습니다. 가게 바깥에 내놓은 건조대에 빨래를 널고 있는 봉숙이 이모를 만나 따스한 떡 한 덩어리를 드렸습니다. 교회도 안 나가는데 이런 걸 받아도 되나 하시면서 한사코 거절하는 이모에게 떡을 안겨드리고 갈퀴처럼 굽어진 두 손을 꼭 잡아드렸습니다.

"아이고 약사 선생님, 떡이 참 맛있네요. 교회에서 하는 떡이라 그런지 더 맛있어요. 하나님께서 맛있게 만들어주셨나 보네요."

환하게 웃으시면서 떡을 떼어 드시는 봉숙이 이모. 봉숙이는 오래전에 여기서 일하던 친구의 이름입니다. 당시 주방에서 일하시던 이모를 보고 자기 친이모와 닮았다면서 많이 따르고 이것저것 챙겨주었다는 봉숙이 덕분에 그 이모의 이름이 봉숙이 이모가 되었습니다. 물론 봉숙 씨는 이 동네를 떠났습니다.

이모에게 떡을 드리고 좀 더 골목 안쪽으로 들어가니 의자 밑을 두리번거리는 삐삐 이모를 만났습니다.

"이모, 안녕하세요. 여기서 뭐 하세요?"

삐삐 이모는 아마도 길고양이들을 찾고 있었을 것입니다. 삐삐는 이모가 가장 사랑하는 노란 털을 가진 큰 얼굴의 고양이 이름입니다. 한쪽 몸이 많이 불편한 삐삐 이모는 정신장애와 지체장애를 동시에 가지고 있고 고양이들을 참 좋아하는, 소녀처럼 맑은 분입니다. 삐삐 이모의 생활비는 나라에서 지급되는 돈과 동생이 보내주는 용돈으로 꾸려지고 있습니다. 용돈이 늦게 오는 날이면 동생한테 전화해달라고 하여 몇 번 전화를 한 적이 있었지요. 누가 전화를 받든 그저 언니한테 전화 왔었다고 전해달라는 짧은 이야기였습니다. 다리 양쪽이 심하게 차이가 나는 삐삐 이모의 걸음걸이는 옆으로 쓰러질 듯 많이 불안해 보입니다. 그러다 보니 좀 더 많은 일을 하는 성한 다리에 무리가 가는 날이면 삐삐 이모는 파스를 사서 약국 의자에 앉아 붙이곤 합니다. 파스를 잔뜩 붙인 다리로 삐삐를 부르면서 다니는 삐삐 이모의 양손에는 참치 통조림이 들려 있습니다.

"삐삐야, 삐삐야. 어디 있니? 이모 왔다."

삐삐 이모가 골목을 다니면서 이렇게 애타게 부르면 잠시 뒤에 삐삐가 살금살금 나타납니다. 저는 길고양이들이 무서워서 가까이 갈 엄두를 못 내는데 삐삐 이모는 자연스럽게 아주 가까이 다가갑니다. 통조림 서너 개를 따서 고양이들이 먹기 좋게 여기저기 놓아둔 뒤에는 삐삐와 그의 친구들이 경계의 꼬리를 세운 채 한 끼의 훌륭한 식사를 해결하는 모습을 지켜보곤 합니다. 그런 모습을 본 지 수년 되었는데 그 삐삐는 아직 살아 있습니다. 삐삐 이모는 한동안 모습이 보이지 않았습니다. 그전에도 몇 달씩 얼굴을 볼 수 없던 때가 있었는데 후에 물어보면 병이 악화되어 병원에 입원해 있었다는 이야기를 하곤 하였지요. 그사이 삐삐는 눈에 띄게 말라가며 엄마가 돌아오기만을 기다립니다.

삐삐 이모처럼 몇 달째 얼굴이 안 보이는 이모가 또 한 분 계십니다. 꽃 가꾸기를 워낙 좋아해서 제가 붙여 준 이름은 화초 이모랍니다. 화초 이모가 살던 빌라 계단과 작은 마당에는 온갖 화분과 꽃이 가득했었습니다. 화초 이모는 아주 어렸을 때 민며느리로 시집을 가서 어린 나이에 아들아이를 낳았으나 아이와 정이 없었다고 합니다. 집안일, 농사일도 힘든데 거기에 젖먹이까지 칭얼대니 귀엽다는 생각보다 지겹다는 생각이 더 많이 들어서 젖만 먹이면 아랫목에 밀어놓고 나 몰라라 하였다고 합니다. 화초 이모는 수십 년간 서울살이를 하다가 어찌하여 여기까지 왔다고 하였습니다.

"첨에는 방세가 싸서 아무 생각도 없이 살았지. 아 근데 이런 동네랴. 뭐 동네는 이래도 사람 사는 곳이잖아."

화초 이모는 호프집을 조그맣게 하였는데 워낙 경기가 없어서 그만두고 한동안 주방 이모 일을 하였습니다. 경상도가 고향

미아리 서신

인 이모는 말투가 빠르고 음성이 높은데다 덩치마저 크니 그냥 말을 해도 싸우는 것처럼 들릴 때가 많습니다. 어느 날 집 계단에 길고양이들이 똥을 싸 놓은 날, 깔끔한 성격의 이모는 그걸 치우다가 화가 나서 소리를 질러댔습니다. 동네가 떠나갈 정도로 질러대는 쇳소리에 앞집에 사는 백일이 채 안 된 아이가 놀라서 경기를 하고 말았습니다. 아기 보던 할머니랑 화초 이모가 대차게 한판 붙었고 퇴근해서 돌아온 아기 엄마 아빠랑도 재차 붙었습니다. 골목 안을 가득 메우는 악쓰는 소리와 욕하는 소리. 화초 이모가 하는 욕은 상상초월 한 번도 들어본 일이 없는 그런 욕이었습니다. 듣고 있는 저까지도 부끄러워졌습니다. 아기 할머니나 아기 엄마 아빠 모두 교회를 다니는지 싸우는 대화 중에 하나님 이야기까지 나왔습니다. 다음 날 파스를 사러 약국에 온 이모는 여전히 화가 안 풀린 채 말했습니다.

"내가 오늘 교회에 간다. 가서 하나님 아버지한테 좀 따져볼라고. 뭔 교인들이 저 모양이냐고. 사람이 사과를 하고 미안하다고 했으면 받아줘야지. 사과하는 사람 면전에다가 술장사 이야기가 왜 나오냐고. 사랑? 웃기지 말라고 해."

화초 이모는 힘들게 살았던 자신의 과거가 무참히 발가벗겨진 것이 참으로 견디기 힘들었던 것입니다.

"내가 저 인간들이 다니는 교회에 가서 다 말할 거야. 저 인간들이 어떤 인간들인지."

 제가 뭐라고 할 말이 없었습니다. 화초 이모도 제가 교인이라는 것을 알고 있습니다. 가끔 이모와 하나님 아버지의 사랑에 관하여 이야기하곤 했으니까요.

 "가세요. 가셔서 하나님 아버지께 하시고 싶은 말 다 하고 오세요. 그러면 하나님 아버지께서 이모에게 하시는 말씀이 있을 거예요. 잘 듣고 오세요."

 약봉지를 챙겨 나간 화초 이모는 결국 교회를 가지 못하였습니다

 "하나님 아버지한테 혼날까봐 못 가겠더라구……. 그래서 문 앞까지 갔다가 그냥 돌아왔어. 하나님 아버지는 세상에서 힘이 제일 센 사람이잖아."

 화초 이모가 감기를 앓기 시작한 것도 그즈음이었습니다. 가까운 병원을 다니며 두세 달 감기약을 먹었는데 나아질 기미를 안 보여 종합병원에 가서 정밀 검사를 하니 폐암이라는 진단이 나왔습니다. 방사선 치료를 한 뒤에 잠시 퇴원을 한 이모는 보증금이 더 싼 집으로 이사를 해 그전처럼 매일 얼굴을 볼 수는 없었습니다. 빡빡 깎은 머리가 어색한지 머리를 만지면서 약국으로 처방전을 들고 오는 이모는 그래도 씩씩해 보였습니다.

 "내가 두상이 예뻐서 잘 어울리지? 내가 한 인물 하잖아."

그렇게 씩씩하던 화초 이모가 요즘 골목에서 안 보입니다. 아마도 화초 이모는 항암치료를 위해 다시 입원한 것 같습니다. 삐삐 이모도 정신병원에 입원한 것 같고, 봉숙이 이모는 걸음걸이조차 불편해 보이는 힘든 몸으로 하루하루를 이어 붙이고 있습니다.

너무도 소중하고 귀한 딸들이라고 하나님 아버지께서 생각하고 계시리라 믿습니다. 비록 성하지 못한 몸으로 살아가고 있으나 이 땅에서의 삶을 인도하고 계시는 하나님 아버지께서 품으신 귀한 뜻이 있음을 믿습니다. 다만 간절히 바라옵기는 그분들이 이곳에서 살아내는 삶이 너무 많이 힘들지 않았으면 좋겠습니다. 부디 아름다운 꽃으로 그분들의 삶의 길을 꾸며주시어 길 끝에 있는 평화로운 하나님 나라까지 갈 힘을 허락하여 주시옵소서. 아멘.

하나님 아버지한테 혼날까 봐 못 가겠더라구…….
그래서 문 앞까지 갔다가 그냥 돌아왔어.
하나님 아버지는 세상에서 힘이 제일 센 사람이잖아.

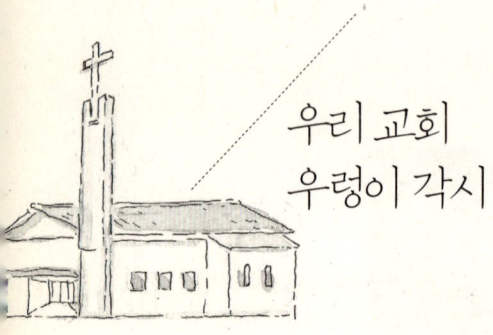

우리 교회
우렁이 각시

얼마 전 양평에 다녀왔습니다. 제가 활동하고 있는 성북구 약사회 임원 워크숍이 주말에 있었는데, 성수 주일을 해야 하고 학생회 예배와 아이들 교육도 빠질 수가 없어서 토요일 저녁에 무리를 해서 올라왔습니다. 집에 도착해 정리하고 잠자리에 드니 새벽 세 시가 넘어가는 시간이었지요. 즐겁게 예배를 드리고, 맛있는 교회 점심을 먹고, 학생회 아이들과 아이스크림을 먹으면서 놀았습니다. 영혼이 맑은 아이들과 더불어 노는 일은 참으로 신 나고 행복합니다.

이틀간의 무리한 일정 탓에 저녁 무렵부터 온몸이 아프면서 심한 몸살이 오기 시작했습니다. 간간히 울리는 휴대전화 벨 소리를 들었으나 손을 움직일 수가 없었지요. 제 안부가 궁금하신 장 점순 권사님이 두 번이나 전화를 하셨나 봅니다. 오늘 출근해서야 전화를 드리니 "밥은 먹었어?" 하시면서 저의 음식 안부부터 챙기십니다. 그분은 그런 분이십니다. 전화를 못 받은 제 사정을 설명하니 그럴 줄 알았다 하시면서 어제 교회에서 제 얼굴이 아주 곤해 보였다고 말씀하십니다.

그러더니 잠시 후 권사님이 약국 문을 두드리셨습니다.

"자아, 자기 좋아하는 엄마표 반찬들이야. 빨리 먹고 기운 내서 열심히 일해야지."

작은 쟁반에는 열무김치와 콩나물무침, 하얀 쌀밥이 담겨 있었습니다. 가사 도우미 일을 하시는 권사님은 쟁반을 건네고는 서둘러 발길을 옮기셨습니다. 긴 세월 너무 오래 서서 일하신 탓에 권사님은 하지 정맥류를 앓고 계시고 손발이 저린 말초순환장애도 앓고 계십니다. 그래도 권사님은 늘 행복하시고 즐거우십니다. 아직은 손발을 움직여 일할 수 있는 건강함을 하나님께서 내게 주셨으니 난 즐겁게 가면 된다 하시면서 기뻐 찬양하는 권사님의 모습은 늘 제겐 감동으로 다가옵니다.

행함이 없는 믿음은 그 자체가 죽은 것이라 하신 예수님의 말씀을 실천하는 일은 참으로 어렵습니다. 괜히 남의 눈치를 보고, 내가 이리하면 다른 사람들이 어떻게 생각할까 많은 고민을 합니다. 하나님 아버지의 눈치를 보는 것이 아니라 세상의 눈치를 보는 것이지요. 조금은 부끄러운 이야기이지만 저 또한 그런 경험이 종종 있습니다.

예수님을 영접하면서 삶의 주인이 예수님임을 고백하고도 여전히 세상 사람들의 기준에 이리저리 휘둘리고 있는 사람들 가운데 묵묵히 서 있는 권사님은 소박한 들꽃입니다. 예수님께서 오병이어의 기적을 일으키셨을 때 자신의 소박한 도시락을 선뜻 내어준 소년의 마음속에는 믿음이 있었습니다. 예수님께서 많은 사람들의 배고픔을 해결하실 수 있다고 믿고 소년은 자신의 하루 생명줄인 도시락을 기꺼이 내어놓을 수 있었습니다. 아

미아리 서신

무 계산 없이 예수님을 그냥 믿은 소년의 순수한 믿음과 장 권사님의 맑은 믿음은 참 많이 닮았습니다. 조금 이기적으로, 세속적으로 당신 편하게 사시라고 제가 말씀을 드리면 "나는 괜찮아. 모든 것을 채워주시는 하나님 아버지가 내 편이시잖아." 하시면서 또 열심을 내십니다.

장 권사님은 매주 수요일이면 사라회(연세가 일흔이 넘으신 여자 성도들의 모임) 예배 시간에 점심 봉사를 하십니다. 봉사부 부장님이신 최 권사님과 함께 고등어를 묵은지에 조려 내거나 돼지고기를 고추장에 무쳐 맛깔스러운 불고기를 만들기도 하십니다. 그중에 가장 별미는 직접 말린 시래기를 넣고 정성스레 끓인 추어탕이랍니다. 어르신들을 섬기는 권사님의 마음이 녹아든 아주 고소하고 맛있는 추어탕. 생각만으로도 입안에 침이 고이네요. 장 권사님네 장독대와 냉장고는 항상 가득 차 있습니다. 맛있는 김장 김치와 매실청 항아리, 오이지 항아리, 양파장아찌, 고추장아찌 그리고 권사님의 사랑 항아리…….

제가 권사님께 마음이 흐르게 되었던 계기는 가스 밥솥 때문이었습니다. 저희 교회 주일 점심은 구역별로 돌아가면서 준비를 합니다. 교회에서 주는 식사 경비로 제철에 나는 갖가지 재료를 마련하고 깔끔한 점심을 준비하여 교회 식구들이 맛있게 먹습니다. 삼백 명가량 되는 교인들이 함께하다 보니 설거지거리만 해도 어마어마하게 쌓입니다. 저도 일 년에 세 번 정도 식사 당번을 하며 익숙지 않은 부엌일에 허덕이게 된답니다.

　몇 년 전 식사 당번이었던 제가 교회 주방에 물건을 두고 와서 어스름 저녁 시간쯤 다시 교회에 가게 되었습니다. 그런데 주방으로 내려가는 계단에 불빛이 보였고 물소리가 들렸습니다. 가 보니 장 권사님이 설거지 마무리를 하고 계시길래 저도 거들게 되었습니다. 그런데 권사님이 철수세미로 박박 닦아 놓으신 밥솥을 헹구다 보니 밥솥이 여간 무거운 게 아니었습니다. 한 말의 쌀로 세 개의 가스 밥솥에 나누어 밥을 하는데 밥물이 끓어 넘치는 탓에 겉이 시커멓게 타 버리지만 워낙 솥이 무겁다 보니 식사 당번들이 좀처럼 손을 대려 하지 않았나 봅니다. 권사님이 주일 저녁에 혼자 남아 밥솥들을 싹싹 닦고 냉장고 청소까지 말끔하게 해오신 덕분에 그 동안 교회 주방이 항상 깔끔하고 빛이 났던 것이었습니다. 가슴이 순간 뻐근해졌습니다.

　권사님의 손과 발은 거칠고 투박합니다. 교회 식구들의 크고 작은 일들을 다 기억하시는 권사님은 아이를 갓 낳은 산모들에게는 뽀얀 국물이 우러나는 좋은 미역을 선물하고, 오이지를 좋아하는 어르신에게는 여름마다 쫄깃한 오이지를 꼭 챙겨 드립니다. 지난 수요일 점심 식사 때 목사님이 고구마 줄기 김치를 맛있게 드신 것을 기억하시고는 시장에 나가 고구마 줄기를 넉단이나 사 오셨습니다. 쪽파와 부추 그리고 젓갈로 버무린 고구마 줄기 김치는 참 향미가 특이합니다. 며칠 전에는 하루 두 집을 다니고 버신 돈으로 목사님 댁에 유기농 수박과 파프리카를 넣어드리고 오는 길이라며 무척 즐거워하셨습니다.

그런 권사님을 걱정하려고 하면 제 입부터 막아버리는 권사님의 순수한 열정에 그저 저는 부끄러울 뿐입니다. 밑반찬을 넉넉히 만드셔서 어렵고 힘든 이들에게 당신의 사랑을 듬뿍 얹어 나누어 주시며, 힘든 노동으로 손가락 마디가 저리고 통증이 생길 때마다 스스로 손가락을 어루만지는 권사님의 얼굴은 참으로 평안해 보였습니다. 어쩌면 그 순간 예수님께서 권사님을 만져주고 계시는지도 모르겠습니다. 아마도 모레쯤이면 작은 반찬 통에 가득 담긴 고구마 줄기 김치를 만나게 되겠지요. 장 점순 권사님의 넘치는 사랑도 함께 만나게 될 것입니다. 세상에서 가장 맛있는 고구마 줄기 김치를 드시고 싶으시면 저희 교회로 놀러 오세요.

권사님의 손과 발은 거칠고 투박합니다.

교회 식구들의 크고 작은 일들을 다 기억하시는 권사님은

어렵고 힘든 이들에게

당신의 사랑을 듬뿍 얹어 나누어 주십니다.

준영이 엄마의
고마운 선택

재형이는 오늘도 학교에 가지 못하였습니다. 안 간 것이 아니고 발가락을 심하게 다쳐 걸을 수가 없기 때문입니다. 고1인 재형이는 아버지, 형과 함께 삽니다. 생활 능력이 없는 아버지 대신 형이 삼 년째 생계를 책임져 오고 있습니다. 재형이 형제의 고단한 삶이 시작된 것은 이십 년 전부터입니다. 재형이가 태어나고 얼마 되지 않아 재형이 엄마는 어린 형제를 두고 집을 나갔습니다. 너무나 어렸던 형제는 어머니가 왜 집을 나갔는지 알 수 없었고, 그렇게 벌거숭이로 세상 한가운데 내던져진 채 서로의 체온으로 서로를 덥히며 지키며 지금껏 살아왔습니다. 야간 고등학교로 진학한 형은 낮에 일하고 저녁에 학교를 다니면서 동생을 보살피고 참 부지런히 살았습니다. 어느덧 재형이도 고등학교에 진학하게 되었고, 대학을 포기한 형은 열심히 일해서 동생의 등록금과 생활비를 벌고 있습니다. 저녁엔 학원에 나가 기사 자격증 따는 공부도 계속하고 있습니다.

두 형제가 덩치도 크고 목소리까지 괄괄한 청년으로 성장해 가는 동안 재형이의 아버지는 술에 절어 점점 더 거칠어져갔으며 시도 때도 없이 자식들에게 폭력을 행사했습니다. 그러다 어제는 급기야 군화 신은 발로 재형이의 발가락을 밟아 발톱이 빠지고 만 것입니다. 피가 뚝뚝 떨어지는 발에 슬리퍼만 간신히 신은 채 집을 나온 재형이는 같은 학교 친구 준영이를 떠

미아리 서신

올렸습니다.

"준영아, 나 재형이야. 내가 좀 다쳐서 그러는데 너한테 가도 될까? 내가 돈이 하나도 없어……."

준영이는 저녁밥을 먹다가 재형이의 연락을 받았습니다. 준영이 엄마는 재형이에게 일단 택시 타고 집앞으로 오라고 이르고는, 먹던 밥상도 물린 채 지갑을 챙겨 들고 종종걸음으로 길을 나섰습니다.

한참을 기다려도 재형이가 오지 않자 준영이 엄마는 이런저런 불길한 생각들을 하면서 걱정하고 있었습니다. 그러다 택시 한 대가 섰고 재형이가 절뚝거리며 내렸습니다.

"아이고 재형아, 내가 얼마나 걱정했는데. 너무 많이 다쳐서 못 오는 줄 알고 내가 얼마나 걱정했는데."

"죄송해요, 어머니. 제가 발가락을 다쳐서 피가 좀 흐르고 차림새가 이러니까 택시들이 그냥 지나갔어요. 그래서 좀 늦었어요."

준영 엄마는 택시기사 아저씨에게 고맙다는 인사를 거듭하고 차비를 치른 뒤 재형이를 부축해 집으로 올라갔습니다. 피 묻은 발을 닦고 붕대로 감싼 뒤 병원 응급실에 갔는데, 다행히 발가락뼈는 부러지지 않았고 옆에 있는 인대가 많이 늘어났다고 하였습니다. 몇 바늘 꿰매고 발 전체를 고정하는 부목을 대 걷기

에 불편한 재형이를 부축하여 집으로 돌아온 준영이 엄마는 종일 굶은 재형이를 위해 삼겹살을 사다가 구워 주었습니다. 뒤늦게 연락이 된 재형이 형이 놀라서 달려오자, 준영이 엄마는 다시 장에 나가 삼겹살 두 근을 더 사왔습니다. 오랜만에 마주한 푸짐한 밥상에 재형이 형제는 행복하였습니다.

학교에 입고 갈 옷도, 가방도 모두 두고 나온 재형이를 위해 준영이 엄마는 담임 선생님에게 전화를 걸어 상의했습니다. 담임 선생님은 거동할 수 있을 때까지 며칠 집에서 쉬라고 하면서 준영이 엄마에게 너무너무 감사하다고 채 말을 잇지 못하셨습니다. 재형이 형은 아버지를 만나면 심장이 벌렁거리고 두렵다며 당장은 아버지가 너무 무서우니 아버지 일 나가는 낮에 집에 들러 필요한 물건들을 가지고 오겠답니다. 준영이 엄마에게 머리 숙여 몇 번이고 고맙다는 인사를 하고 형은 자신이 묵는 고시원으로 돌아갔습니다.

구석에 앉아 가계부를 정리하던 준영이 엄마는 이런저런 고민을 하고 있습니다. 지갑에 들어 있던 달랑 몇만 원의 지폐를 택시비와 병원비, 고깃값으로 다 써버린 뒤였던 것입니다. '당장 재형이에게 얼마간의 용돈이라도 주어야 할 텐데……. 병원에도 또 가야 할 텐데……. 영양보충 할 수 있게 뭘 먹어야 할 텐데…….' 그때 재형이와 준영이의 킬킬거리는 웃음소리가 벽을 타고 들려옵니다. 덩치 큰 녀석 둘이 눕기엔 방이 비좁고 불편할 텐데 뭐가 그리 좋은지……. 둘의 소리가 준영이 엄마의 심장을 평안히 웃게 합니다.

그래도 재형이는 행복합니다. 자신의 마음을 털어놓을 수 있는 준영이가 있고, 아들 친구를 위해 없는 돈을 쪼개 병원에 데리고 가고 맛있는 밥상을 차려주고 선뜻 방을 내주고 재워주는 엄마 같은 준영이 어머니가 있고, 동생이 다쳤다는 말에 눈물

글썽이며 달려오는 착한 형이 있고, 진심으로 안타까워하고 염려하는 좋은 선생님이 있고, 이 모든 것을 이끄시는 하나님 아버지가 계시니까요.

하나님, 감사합니다. 아버지가 때릴 때 맞서지 않고 이를 악물며 참아낼 수 있는 인내심을 재형이에게 주신 분이 하나님 아버지임을 믿습니다. 재형이가 슬리퍼 차림으로 밤거리를 헤매지 않고 전화를 할 수 있는 친구 준영이를 생각나게 하신 분이 하나님 아버지임을 믿습니다. 재형이가 피가 떨어지는 발가락을 질질 끌며 전화 걸 돈을 사람들에게 얻으러 다닐 때 그 아이를 향한 긍휼의 마음을 가진 아주머니를 보내주신 분이 하나님 아버지임을 믿습니다. 허름한 옷차림과 눈물로 얼룩진 얼굴 그리고 불편한 발가락에도 돈 한 푼 없는 재형이를 선뜻 차에 태운 택시기사 아저씨를 보내주신 분이 하나님 아버지임을 믿습니다. 혼자서 삶의 무게를 견뎌야 하는 준영이 엄마에게 그나마 가진 콩 한 쪽을 아들의 친구에게 기꺼이 나눠 주는 따뜻한 마음을 주신 이가 하나님 아버지임을 믿습니다. 그 무엇보다 세상을 향한 분노와 자괴감으로 재형이 자신이 스스로를 파괴하지 않도록 재형이를 붙들어주고 계시는 하나님 아버지, 감사합니다. 하나님 아버지, 고맙습니다.

아이들이
너무 먹어요

하루하루 깊어가는 가을의 기운과 햇살이 참으로 좋은 시절입니다. 농촌 들녘은 노랗게 익은 벼들로 풍성합니다. 우리네 삶도 넘실거리는 들판처럼 그렇게 어울렁더울렁하면 참 좋을 텐데요. 환한 햇살은 사람을 부지런하게 만드는 힘이 있어 열심히 움직이는 집창촌 이모들의 모습이 유독 자주 보이는 때이기도 합니다.

집창촌에는 밤낮으로 살림을 챙겨주시는 주방 이모들이 집집마다 한두 분씩 계십니다. 이렇게 날이 좋을 때면 집창촌의 어두운 골목들도 빛나는 햇살로 단장을 합니다. 볕이 잘 들지 않는 집들이 많아서 평소 빨래를 하면 집 안에서 선풍기로 말리지만 이때는 바깥 골목에 이불 빨래들이 널리곤 합니다. 한 집이 시작하면 옆집, 뒷집, 앞집 하나둘씩 빨래 건조대를 내놓아 하얗게 빨린 이불에 햇살이 반사되는 빛으로 골목이 환하여진답니다.

가게에 출근한 주방 이모들은 청소를 마치고 빨래를 한 뒤 점심을 먹고 시장을 봐서 반찬을 만들지요. 건조대가 골목을 가득 채우면 각자 가게에서 반찬 한두 개씩 들고 나와 한 집에 모여서 흥겨운 점심 난장을 벌이곤 합니다. 시장을 다녀오면서 저희 약국에 들러 피로회복제를 사 드시는 주방 이모들의 큰 고민은 반찬입니다. 밤새워 일하는 아이들이다 보니 입이 늘 까칠해서 입맛이 짧다고 합니다. 아무리 비싼 고기를 맛깔스레 볶아서 상 위에 올려놔도 끼적거릴 뿐입니다. 뭘 해서 아이들을 맛있게 먹여야 하나 끌탕을 하는 이모들과 한참 수다를 떨다가 준영이 엄마 생각이 나서 잠시 고민에 빠졌습니다.

엊저녁 퇴근하고 집에 들어가서 보니 준영이 엄마한테 문자가 와 있었습니다. 전화를 하니 준영이 엄마가 고민을 털어놓았습니다.

"언니……. 아이들이 너무 먹어요."

"응?"

재형이는 제대로 걸을 수가 없어서 결국 삼 일 동안 학교에 가지 못하였습니다. 담임 선생님은 출석 문제를 잘 처리해주는 한편, 아이들이 입지 않는 체육복과 또 졸업생들이 두고 간 교복까지 챙겨서 준영이 편에 보내주었답니다. 지금 재형이는 준영이네 집에서 지내고 있습니다.

후암동 산동네에 자리한 준영이네 집은 일자로 된 슬레이트 지붕 집입니다. 공간 하나를 방 두 개와 주방으로 나누어 쓰고, 화장실 겸 목욕탕은 집 옆에 가건물로 지어 붙였기에 겨울철이면 샤워는 꿈도 못 꿉니다. 비가 오면 지붕에서 따따닥 마치 총알 퍼붓는 소리가 나고 여름에는 찜질방이며 겨울에는 단열이 되지 않아 몹시 추운 집입니다. 준영이와 준영이 형, 재형이와 재형이 형까지, 장대 같은 녀석들이 열 평도 채 안 되는 공간에서 왔다갔다하니 숨이 턱턱 막힌다고 준영이 엄마가 하소연합니다. 또 먹성은 얼마나 좋은지, 하루는 닭백숙, 하루는 돼지고기 목살 넣은 묵은지 지짐, 하루는 맛있는 파 겉절이를 곁들인 삼겹살……. 그동안 제대로 먹지도 못했을 재형이 형제가 안쓰러워 이것저것 챙겼는데, 네 녀석이 조그만 상에 둘러앉아 머리를 부딪쳐 가며 밥을 먹는 모습이 참 아름답더라고 말하는 준영이 엄마의 목이 살짝 메었습니다.

밥을 먹고 나서 재형이 형이 흰 봉투 하나를 내밀더랍니다.

"어머니, 저 오늘 월급 받았어요. 이거 저희가 먹는 반찬 값도 안 되겠지만 제발 받아주세요. 제가 너무 죄송하구 감사해서요."

준영이 엄마는 차마 그 봉투를 받을 수가 없었습니다. 낮에는 설비기사 일을 하고 밤에는 술 취한 사람들의 주정까지 견뎌야 하는 야간 편의점 아르바이트로 잠도 제대로 못 자면서 번 돈인데……. 얼마나 귀한 돈인데…….

"아직은 내가 감당할 수 있어. 그러니까 걱정하지 마. 내가 나중에 정 힘들어지면 그때 이야기할게. 너희들 밥 한 끼 해 먹일 돈은 하나님 아버지께서 내게 주시는구나."

재형이 형은 눈물이 그렁그렁한 눈으로 봉투를 다시 집어넣

었습니다.

한창 나이의 장정 넷이 먹는 양은 어마어마합니다. 닭 세 마리도 뚝딱, 삼겹살 세 근도 뚝딱, 피자 라지 사이즈는 간식. 자신의 몫이라고 여기며 기쁘게 하루하루 나아가고 있지만 그래도 현실은 구름이 산을 덮어가듯이 준영이 엄마의 어깨를 무겁게 누르고 있었습니다.

"힘들지 않아?"

"응, 생각보다 견딜 만하네. 아이들이 먹는 걸 보면 무럭무럭 자라는 나무들 같다는 생각이 들어서 그런지 뿌듯해, 언니."

"그래도 힘들면 꼭 이야기하렴."

저랑 준영이 엄마가 하는 이야기를 들은 장 권사님께서 며칠 뒤 돼지고기 고추장 불고기 한 통을 약국으로 들고 오셨습니다.

"이 정도면 두세 번은 먹을 수 있을 거야. 아이들 먹을 거라 좀 달게 맵지 않게 했는데 입맛에 맞을라나 모르겠네그려."

무거운 반찬 통을 들고 오는 데도 신이 나서 오셨다는 우리 장 권사님. 고깃값 양념값에 이틀 일당 다 날아가셨을 텐데. 뭐가 그리 좋으신지 연신 싱글벙글하십니다.

"하여간 권사님을 누가 말려요? 아무도 못 말려요."

고기 담은 통이 너무 무거워 재형이와 준영이를 불렀습니다. 아이들을 부른 김에 저희 집 김치 한 통도 내어놓았습니다. 그리고 비누, 샴푸, 수건 같은 생활필수품도 좀 챙기니 짐이 제법 되었습니다. 두 아이가 양손에 하나씩 들고 약국 문을 나서려는데 어느새 나타나신 바람돌이 장점순 권사님. 재형이 손에만 원짜리 지폐 석 장을 쥐어주셨습니다. 햄버거 사 먹고 싶으면 친구들하고 같이 사 먹으라고. 아이들은 신이 나서 돌아갔습니다. 준영이 엄마는 며칠 반찬 걱정을 덜었습니다. 장 권사님 표 돼지 불고기가 어찌나 맛나던지 아이들이 밥을 두 공기씩 먹었다고 이야기하는 준영이 엄마의 얼굴에는 미소가 가득하였습니다.

이렇게 아름다운 사람들이 크게 실족하지 않고 거친 세상 가운데 귀한 향기를 피울 수 있음이 얼마나 감사한 일인지 모르겠습니다. 하나님 아버지, 준영이 엄마와 장 권사님의 팍팍한 삶 가운데 축복의 샘물 하나 흘려놓으셨음에 감사드립니다. 그 축복의 샘물, 사랑의 샘물을 먹고 사는 아이들이 더 가득 차고 행복할 수 있도록 하나님 아버지, 이끌어주시옵소서. 아멘.

환한 햇살은 사람을 부지런하게 만드는 힘이 있습니다.
이렇게 날이 좋을 때면 집창촌의 어두운 골목들도
빛나는 햇살로 단장을 합니다.
하얗게 빨린 이불에 햇살이 반사되는 빛으로
골목이 환하여진답니다.

스물다섯
현아 씨

언젠가 강원도 여행길에서 점심때를 놓치고 헤매다가 간판도 없는 작은 시골 식당에 들어간 적이 있습니다. 테이블은 네 개뿐이었는데 작지만 깔끔한 주인의 손길을 느낄 수 있었습니다. 콩나물무침, 열무김치, 오징어채무침 등 맛깔스러운 밑반찬과 함께 나온 청국장은 서리태로 만들었는데 인공조미료를 쓰지 않아 원래의 맛을 그대로 가지고 있었습니다. 어찌나 맛나던지 밥 한 그릇을 다 비우고 한 공기를 더 청하여 먹었습니다. 절대 팔 수 없다는 주인아주머니를 졸라 청국장을 사 가지고 와서는 냉장고에 넣어두고 얼마나 행복해했는지 모릅니다.

입맛이 없거나 좀 피곤한 아침에는 아예 청국장 한 덩어리를 챙겨 출근하기도 합니다. 점심으로 청국장찌개를 보글보글 끓여 먹는 것입니다. 아무래도 그런 날엔 약국 안에 반갑지 않은 냄새가 오래 남는다는 문제가 있습니다. 현아 씨가 우리 약국에 온 날이 마침 그러했습니다.

현아 씨는 얼굴을 찌푸리며 코를 막았습니다. 이게 무슨 냄새냐면서 짜증을 내는 그녀는 쉽게 굳은 얼굴을 풀지 않았고 저는 계속 미안하다는 이야기를 하면서 그녀가 원하는 감기약을 주었습니다. 약의 복용법을 더 설명하려고 하였으나 그녀는 약값이 얼마냐고 물어보면서 돈을 올려놓았고 제가 내놓은 거스름돈을 받고는 약과 함께 휑하니 나가버렸습니다. 당혹스러웠고 미안하였습니다.

　며칠 뒤 그녀가 약국 문을 열고 들어왔습니다. 다시 와준 그녀가 고마웠던 저는 반갑게 그녀를 맞이하였지요. 감기는 나았으나 심한 두통에 시달리고 있다면서 마땅한 약을 추천해달라고 하는 그녀의 얼굴이 지난번처럼 굳어 있었습니다. 어디가 많이 아프냐고 아픈 곳을 전부 이야기해보라고 하니 굳은 얼굴이 조금씩 풀리면서 그녀는 심한 변비와 두통 그리고 불면증까지 있다고 하였습니다. 한 번에 변비약을 열 알 이상씩 먹고, 두통약도 보통 네 알, 수면제도 매일 먹는데 다섯 알 이상씩 먹어야 잠들 수 있다고 합니다. 사는 게 재미없다고, 싫다고 말하는 그녀의 나이는 이제 겨우 스물다섯입니다. 그녀는 스무 살 때부터 영등포역 성매매 집창촌에서 일하다가, 이리로 오게 된 지는 얼마 안 되었다고 말했습니다. 영등포 집창촌에서는 단속이 심해서 일을 할 수가 없고 그렇다고 일을 그만둘 수도 없다고 하면서……

　현아 씨는 얼굴만이 아니라 온몸과 마음이 모두 굳어 있는 사람이었습니다. 머리에서 발끝까지 뭉치지 않은 곳이 없었고 온몸의 세포가 다 돌처럼 굳어버린 것만 같았습니다. 그녀의 팔을 만지고 등을 만지면서 긴장한 그녀의 몸들을 조금씩 풀어주었습니다. 그녀가 속으로 흘려온 눈물이 제 혈관 속으로 전해지는 것을 느끼면서도 어찌할 수 없음에 많이 미안했습니다. 그녀의 감각 없는 손을 만지면서 말하였습니다.

"현아 씨 이제 좀 편하게 살면 정말 좋겠어요. 너무 많이 미워하지 말고, 원망하지 말고, 그렇게 살아요."

"약사 이모, 그게 잘 안 돼요."

"오래된 화석처럼 굳어버린 미움의 마음이 당신의 몸속에 아주 깊이 자리 잡고 있어서 모든 흐름을 막고 있어요. 혈액도 흐르지 못하고 기운도 흐르지 못하여 모든 병이 생기고 있어요. 툭툭 버릴 수 있는 것들은 버리고 가볍게 살아요. 사람에 대한 미움도, 이루지 못한 사랑에 대한 원망도. 사람을 미워하지 말고 그리 살아봐요. 그 사람들을 위해서가 아니고 현아 씨 자신을 위해서. 그래야 당신이 행복할 수 있어요."

"이모, 노력해 볼게요."

그녀와 이야기를 나누면서 하나님 아버지의 크신 사랑이 저와 그녀 사이에 살포시 내려앉고 있음을 느낄 수 있었습니다. 하나님 아버지께서 그녀를 사랑하고 계심을 그녀가 알게 하기 위해서는 그녀의 팍팍한 삶으로 향하는 하나님 아버지의 튼튼한 축복의 파이프 라인이 필요합니다. 많이 부족한 저를 통하여 파이프가 만들어지고 그녀를 향하여 나아갈 수 있기를……. 얼굴이 조금 풀어진 그녀는 여전히 무거워 보이는 어깨를 하고

1부.

다시 험한 세상으로 나갔습니다. 그녀가 힘들게 떼어놓은 걸음걸음마다 하나님 아버지의 크신 축복이 같이하길 진심으로 바랐습니다.

이곳 미아리 성매매 집창촌은 가장 거칠고 험한 삶들이 모여 있는 곳입니다. 어두컴컴한 골목 가운데 유리창에 쳐진 검은 커튼들만이 집창촌의 밤과 낮을 지켜주고 있습니다. 안고 있는 슬픔이 너무 크고 깊어서 밝은 세상으로 발을 내딛기가 두려워 망설이는 그녀들의 손을 잡아주는 그 무엇도 없다 보니 다만 웅크린 채 자학으로 자신의 몸과 마음에 상처를 내면서 하루하루 살아가고 있습니다. 하나님 아버지께서 저를 이곳으로 이끄신 깊고 깊은 이유를 아직도 완벽히 알 수는 없습니다. 부족하지만 제 따스한 손과 마음으로 그녀들을 만지고 안아주고 싶습니다. 그녀들이 흘리는 눈물을 받아주고 하염없이 떨고 있는 그녀의 등을 토닥거리고 싶습니다. 그녀들이 밝은 세상을 향하여 한 발 한 발 어렵게 떼어놓을 때 그 발을 잡아주고 싶습니다. 잘하고 있노라고 칭찬하고 싶습니다. 계속 그렇게 하라고 박수쳐주고 싶습니다.

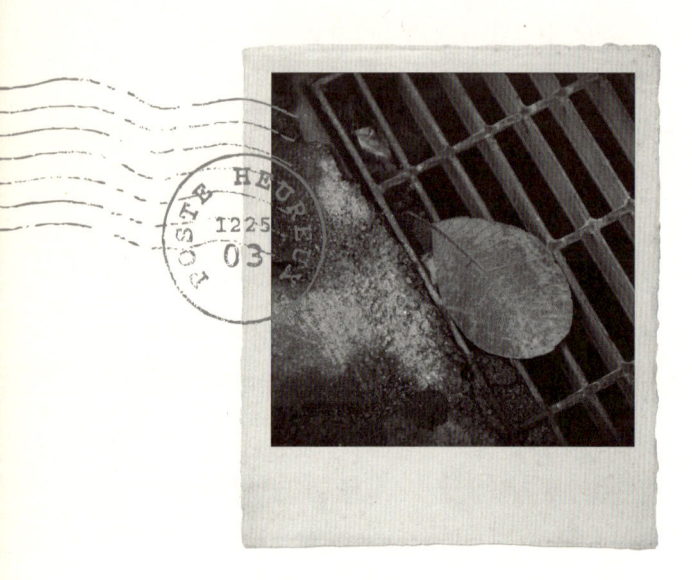

이곳 집창촌은 가장 거칠고 험한 삶들이

모여 있는 곳입니다.

어두컴컴한 골목 가운데 유리창에 쳐져 있는

검은 커튼들만이 집창촌의 밤과 낮을 지켜주고 있습니다.

안고 있는 슬픔이 너무 크고 깊어서

밝은 세상으로 발을 내딛기가 두려워

망설이는 그녀들의 손을 잡아주는 그 무엇도 없다 보니

자신의 몸과 마음에 상처를 내면서

하루하루 살아가고 있습니다.

붕어빵 아가씨

붕어빵 좋아하시나요? 겨울의 거리는 우리의 눈과 입을 즐겁게 합니다. 숭덩숭덩 썬 무와 다시마와 멸치로 맛을 낸 뜨끈한 국물 속 어묵 꼬치가 추운 어깨를 조금은 펴게 해주고, 그 옆에 노랗게 익어가는 붕어빵의 고소한 냄새가 지나가는 이들의 발길을 멈추게도 하지요.

수진 씨는 겨울을 기다리는 겨울 아이였습니다. 겨울이 오면 아니 좀 더 정확히 말해 붕어빵 장수들이 거리에 나오기 시작하면 그녀는 행복해집니다. 그녀가 좋아하는 붕어빵을 매일 살 수 있으니까요. 수진 씨를 이 동네에서 알고 지낸 지는 십 년 조금 넘었습니다. 여기서 일하는 친구들은 근골격계 질환을 많이 앓고 있습니다. 일하는 햇수가 오래될수록 병은 깊어지기 마련이어서 십 년 넘게 이 동네에서 일해온 수진 씨는 거의 진통제와 파스를 달고 살았지요.

어느 날 약국으로 다급한 전화 한 통이 걸려 왔습니다.

"약사 이모, 저 다리가 너무 아픈데요. 저희 가게에 오시면 안 될까요? 가게엔 아무도 없구요. 너무 아파서 제가 도저히 나갈 수가 없어서요."

서둘러 진통제와 파스를 챙겨 들고 나섰습니다. 어두컴컴한 골목을 지나 검은 비닐로 선팅을 한 가게들 가운데서 수진 씨가 일러준 가게를 찾아 문을 열고 들어갔습니다. 사방이 거울로 장

식된 거실을 지나고 계단을 올라 방에 들어가자 수진 씨가 온몸에 진땀을 흘리면서 축 늘어진 채 누워 있었습니다. 붉은 조명 아래 누운 그녀를 보자 같은 여자로서 마치 앙가슴을 후벼내는 듯 아팠습니다. 그녀를 일으켜서 약을 먹이고 물수건으로 그녀의 젖은 몸을 닦아주고 어깨와 다리를 풀어주고 파스를 붙여주었습니다. 푹 쉬라는 인사를 전하고 뒤돌아서서 그 집을 나오는 제 발걸음에는 커다란 쇠붙이가 달려 있었습니다.

그녀는 힘들게 일을 한 날에는 여지없이 온몸의 관절이 전부 아프면서 열이 심하게 나곤 했습니다. 체력은 날로 떨어지기 시작했고 몸을 움직이는 게 어려운 날에는 일을 쉬기도 하였습니다. 병원에 가서 검사를 받고 본격적인 치료를 해보자고 수차례 이야기했으나 큰 병원 가는 게 겁나고 무섭다고 그녀는 한사코 거부하였습니다. 하릴없이 그녀를 바라보고만 있는 저도 그저 답답하기만 했습니다. 그렇게 시간이 지나갔고 수진 씨의 병은 날로 깊어져 갔습니다. 건조하고 싸늘한 바람이 거리를 채우던 초겨울 다시 그녀의 다급한 전화를 받고 달려갔습니다. 그녀의 무릎은 엄청나게 부어 있었고 온몸은 고열에 시달리고 있었습니다. 당장 끙끙거리는 수진 씨를 잡아 일으켜 병원으로 향하면서 하나님 아버지께 기도를 드렸습니다.

'하나님 아버지, 그녀의 삶은 고통으로 이어진 눈물의 나날이었음을 아버지께 이제 엎드려 고합니다. 뼈를 깎아내며 보내던 하루하루가 자신만의 잘못이 아니었음을 이제는 그녀가 알게 하시옵소서. 아픈 몸을 이끌고 그 험한 일을 하면서 자신을 정죄하고 있음을 미련한 저는 이제야 알게 되었습니다. 그녀의 죄를 품어 안아주실 분이 하나님 아버지뿐임을 고백합니다. 부디 그녀가 알게 하여 주시옵소서. 하나님 아버지께서 얼마나 자신을 사랑하고 계시는지를. 상처뿐인 육신으로 걸어가는 자신조차 품지 못하고 기어가는 저 불쌍한 영혼을 부디 어루만져주시옵소서.'

하나님 아버지께 올리는 기도가 그렇게 절실한 적은 없었습니다. 너무 아파하고 힘들어하는 수진씨의 지친 영혼을 따스하게 안아주실 하나님 아버지께서 계시다는 것이 얼마나 감사했는지 모릅니다. 그녀와 함께 가까운 정형외과에 가니 예상대로 그녀는 심한 관절염을 앓고 있었습니다. 의사 선생님이 어떻게 젊은 사람의 관절이 이리 엉망으로 망가질 수가 있냐고, 무슨 일을 하냐고 물어오는데 뭐라 대답을 할 수가 없었습니다. 의사 선생님은 시간이 걸리긴 하겠지만 꾸준히 치료하면 나을 수 있다고 열심히 해보자고 하셨습니다. 관절 기능을 강화시키는 주사를 맞고 물리치료실로 올라가는 그녀를 보고 저는 약국으로 돌아왔습니다.

그렇게 그녀와의 인연은 한 골 더 깊어졌습니다. 그녀가 병원을 잘 다니고 있는지 궁금하여 수시로 문자를 하였고 그녀는 늘 열심히 간다는 답을 보내왔습니다. 그녀는 매일 병원을 다니며 주기에 맞춰 관절 기능 강화주사를 맞았고 물리치료도 매일 받았습니다. 병원에 다녀올 때마다 그녀는 항상 붕어빵을 한 봉지씩 사 와서는 저에게 전부 다 주고 가곤 했습니다. 처음엔 별생각 없이 받아서 맛보고 교회식구들과 맛있게 나누어 먹기도 하였지요.

그날도 어김없이 물리치료를 마치고 돌아오는 길에 병원 처방전과 붕어빵 한 봉지를 내놓는 그녀에게 관절염은 좀 나아지고 있는지 물었습니다. 그런데 많이 좋아졌다고 대답하는 그녀의 얼굴이 그리 밝아 보이지는 않았습니다. 재차 물어보니 동생 등록금이 걱정이랍니다. 새 학기가 되면 동생 대학 등록금을 보내야 하는데 그동안 치료 받느라 일을 쉬어 등록금을 마련하지 못한 것입니다. 그녀에게 왜 붕어빵을 그리 많이 사서 나한테 주기만 하고 정작 본인은 하나도 먹지 않는 거냐고 물어보았습니다. 어린 시절 너무 많이 먹어서 이제는 냄새도 맡기가 싫은데 그래도 멀리서 붕어빵 냄새가 나면 자신도 모르게 발이 끌려간다면서 그녀는 피식 웃었습니다.

사 남매 중 맏이로 태어난 그녀는 자식들을 키우기 위해 밤낮

미아리 서신

으로 고생하는 엄마의 모습을 아주 어릴 적부터 가까이서 지켜보아야 했다고 합니다. 바닷가 근처 마을에서 어부 일을 하면서 살았던 그녀의 아버지는 배를 타는 일보다 술병을 끼고 사는 날이 더 많았습니다. 그러다 수진 씨의 막냇동생이 태어난 지 채 백일이 되지 않았을 때 아버지는 집을 나가버렸고, 사 남매는 여린 그녀의 어머니 몫으로 오롯이 남겨졌습니다. 그녀의 어머니는 포구에 들어온 어선에서 내리는 그물을 정리하고 어구를 손질하는 일을 하여 조금씩 돈을 받았으나 사 남매를 키우기에는 턱없이 부족하였지요. 동네 사람들이 잡은 고기를 나누어 주기도 했지만 그것이 정말 싫었던 수진 씨는 어머니를 조르고 졸라 대처로 나가게 되었습니다. 그녀가 초등학교 6학년 되던 때, 바닷가 도시로 나온 그녀의 가정은 밑바닥의 삶이 무엇인지 온몸으로 알게 되었습니다.

"끼니를 이을 쌀 한 톨이 없어서 라면 한 개를 풀어 물을 잔뜩 넣고 라면 죽을 끓여 먹기도 했구요. 연탄 한 장을 얻을 수가 없어서 얼음 같은 냉골 방에 이불을 꺼내어 뒤집어쓰고 동생들을 양쪽에 껴안고 있으면 동생들이 새근새근 잠들곤 했어요."

잠든 동생들을 바라보며 자신은 절대 이렇게 자식을 키우지 않겠노라고, 아니 아예 낳지도 않겠노라고 이를 악물었다고 말하던 수진 씨의 두 눈에 바다가 찰랑거렸습니다. 일 년만 더 다니면 초등학교를 졸업할 수 있었는데, 날품팔이 나간 어머니를 대신하여 동생들을 봐야 해서 학교에 다닐 수가 없었노라고 하였습니다.

"이모, 그래서 내 최종 학력이 초등학교 중퇴예요."

그럭저럭 도시에서의 삶이 자리를 잡으면서 수진 씨 어머니는 붕어빵 장사를 시작하였습니다. 동생들이 젖병을 떼고 뛰기 시작하면서 그녀도 돈을 벌기 시작하였습니다. 학교에 다니기 시작한 동생들의 학비를 조금이라도 보태기 위해 그녀가 처음 일을 시작한 곳은 작은 봉제 공장이었습니다. 그녀의 일은 막내 시다였습니다. 미싱사들이 옷을 잘 박을 수 있게 정리해주고, 오버로크 친 옷감이 나오면 실 부스러기를 쪽가위로 마무리하여 다음 단계로 넘기는 일이 그녀의 일이었습니다. 공장 바닥 청소랑 미싱 청소도 그녀 몫이었지요. 종일 서서 일하고 종종거리면서 뛰어다니다가 집에 돌아와 방바닥에 털버덕 앉으면 종아리는 퉁퉁 부어 있기 일쑤였지만 누구에게도 말할 수가 없었습니다. 어머니는 더 많이 부어 있는 것을 알았기에······.

시다 일을 시작한 지 몇 개월 지난 추석 무렵 함께 공장에서 일했던 동네 언니가 가족들에게 줄 선물꾸러미를 잔뜩 들고 동네에 나타났습니다. 그 언니를 따라와 발이 머문 곳이 바로 여기였습니다. 일을 시작하면서 그녀는 악착같이 돈을 모았다고 하였습니다. 옷은 남들이 입던 걸 입고 화장품도 얻어 쓰면서 돈을 모아 어머니에게 보냈습니다.

"정말 지독하게 살았어요. 거지 소리 들어가면서……. 여기 온 지 삼 년 만에 바닷가 고향마을 햇볕 잘 드는 언덕에 집도 한 채 장만하였지요."

그러다가 어머니가 갑자기 쓰러지시고 손 써 볼 새도 없이 돌아가셨다는 이야기를 하면서 그녀는 펑펑 울고 말았습니다. 그녀가 마음껏 울게 두었습니다. 가슴속 깊은 곳에 자리하고 있는 어머니에 대한 얽히고설킨 기억들이 그녀를 아주 많이 힘들게 하고 있다는 것을 알 수 있었습니다. 가엾고 불쌍하지만 이해할 수 없었던 어머니, 그렇게 병원에 가보라고 하였지만 일 없다면서 버티셨던 어머니. 그런 어머니를 향한 무거운 애정이 남들과는 조금 다른 삶을 사는 그녀를 깊은 무게로 누르고 있었던 것 같습니다.

그녀 어머니도, 그녀도 밀물에 밀려온 해초처럼 자신의 의지와는 상관없이 그렇게 살아졌고 지금도 살아지고 있는 이 삶을 어찌할 것이냐고 저는 그녀에게 물었습니다. 우리는 모두 다 하나님 아버지께서 자신의 형상을 따라 만든 귀한 존재라고, 그러니까 더는 자신을 미워하지 말고 곪고 아픈 상처들을 치료하여 이제는 정말 건강해져야 한다고, 몸과 마음이 모두 씩씩해져야 한다고 수진 씨를 열심히 설득하였습니다.

물리 치료를 열심히 받고, 치료제 복용도 꾸준히 하면서 수진 씨의 건강은 많이 좋아지게 되었습니다. 하루는 붕어빵 봉지를 들고 약국에 들어서던 그녀가 조제실 뒤편에서 두런두런 나는 말소리에 누구냐면서 궁금해했습니다. 제가 섬기는 교회에서 방학 때 아이들에게 수학을 가르치는데 지난 수업에 못 온 아이들에게 나머지 공부를 시키는 중이라고 하자 수진씨는 빙그레 웃더니 약간의 돈을 건네며 아이들에게 따스한 밥 한 끼 사 주고 싶다고 하였습니다. 그녀의 따스함이 참 고마웠습니다. 그녀가 내놓은 돈으로 아이들과 함께 맛있는 돈가스를 먹었지요. 그렇게 그녀와 저와 그리고 하나님과의 귀한 인연이 이어지게 됨은 참으로 기쁜 일이었습니다.

춥고 힘들었던 겨울이 가고 붕어빵 장수들이 거리에서 하나 둘씩 사라지고 햇살 환한 봄이 오기 시작하면서 수진 씨의 얼굴에도 봄꽃이 환하게 피기 시작했습니다. 그녀에게 온 봄소식은 무엇일가 궁금하였으나 자세히 물어볼 수는 없었답니다. 혹여 그녀의 자존심을 다치게 할까봐, 제가 먼저 말을 꺼낼 수가 없었습니다. 핏기 없이 하얀 수진 씨의 민낯을 처음 보았을 때는 마음이 아리고 아파 아무것도 물어볼 수가 없었습니다. 조금 건들기만 해도 와르르 무너질 것처럼 그녀는 그렇게 위태롭게 버티고 있었으니까요. 왜 제 눈에 그런 그녀의 먹먹한 슬픔이 들어왔는지는 저도 잘 모르겠습니다. 그래서인지 복숭아꽃처럼 환하게 피어나는 그녀의 얼굴이 좋아 보이면서도 한편으로는 왠지 모르게 걱정도 되었답니다.

그런데 어느 날 수진 씨가 하얀 볼을 발갛게 물들이고 새색시처럼 수줍게 웃으면서 곧 결혼할 것 같다는 이야기를 했습니다. 지갑을 열어 보여주는 사진 속의 남자는 작은 눈에 미소가 선량한 청년이었습니다. 그가 어디 사는지, 무엇을 하면서 사는 사람인지 물어보지 않았습니다. 인상이 참 좋아 보인다는 이야기에 그녀는 배시시 웃음 지었지요. 그녀의 웃음이 남아 있는 약국에서 저는 또다시 하나님께 기도하였습니다.

그녀를 안아주시고 품어주신 하나님 아버지 고맙습니다. 그 어떤 웃음도, 그 어떤 즐거움도 자기 몫이 아니라면서 끊임없이 자신에게 생채기를 내면서 살아왔던 그녀에게 이제 허락하신 큰 행복에 감사드립니다. 그 무엇보다 그녀가 자신의 어머니를 가슴으로 안게 되고 사랑하게 되었음에 감사드리며 그리하여 내팽개치고 살았던 그녀 자신을 돌아보며 어루만지고 보듬어 안을 수 있게 됨에 감사드립니다.

그녀의 결혼 준비는 차근차근 진행되었습니다. 그녀의 가게에서 부엌일을 하시는 주방 이모께서 이것저것 도와주셨습니다. 함께 백화점에 가서 신랑 예물도 사고 멋진 양복도 사고 숟가락 젓가락도 사 왔습니다. 그때마다 약국에 들러 자랑을 하였고 들뜬 얼굴로 수다스럽게 이야기하는 모습이 영락없는 연분홍의 새색시였습니다.

그녀에게 제가 준 결혼 선물은 작은 성경책이었습니다. 수진씨가 결혼을 하여 새로 만나게 될 세상 가운데서 하나님 아버지께서 그녀를 지켜주고 품어주실 것이라고 그녀에게 이야기했습니다. 그녀가 열에 들떠 쓰려졌을 때도 제가 하나님 아버지께 기도했음을 이야기했고, 그녀의 결혼 이야기를 처음 듣던 날에 제가 어떤 기도를 하나님께 올렸는지 서로 나누었습니다. 그렇게 그녀를 지키시는 하나님 아버지를 함께 품기 시작하였습니다. 어딘가에서 교회를 열심히 다니며, 잘 살고 있을 수진 씨가 진심으로 행복하길 바랍니다.

우거지 할머니의 한글 공부

매서운 추위 속에서 요즈음 유난히 부고 소식이 많이 들려옵니다. 아는 이들의 부모님께서 세상과 이별을 고하였음을 알리는 문자를 보면 가슴에 싸늘한 가을바람이 지나갑니다. 여러분은 어떠신지요? 하나님 나라에서 영면을 한다는 어찌 보면 좋은 소식임에도, 헤어지는 슬픔과 홀로 서야 한다는 현실에 많이 아파하고 힘들어하는 모습들을 보면서 저도 슬퍼지는 한 분의 죽음이 있어 알리고자 합니다. 오전 11시면 늘 배낭 가방과 비닐봉지 몇 개를 챙겨 들고 집을 나서던 어느 할머님 이야기입니다.

 저희 약국과 마주한 골목집에 사시는 할머님은 느릿한 걸음으로 약국 앞 큰길을 걸어 나가시다가 힐끗 약국 안을 보고 제가 좀 한가해 보이면 문을 열고 들어오시곤 했습니다.

 "잘 잤어, 약사 양반?"

 환하게 웃는 얼굴로 인사말을 건넨 뒤 의자에 앉으십니다. 여든을 훨씬 넘기신 할머님의 등에는 길음 종합사회복지관에서 나누어 주는 점심 도시락을 넣을 큼지막한 배낭이 있고, 손에는 시장에서 버려지는 배추 우거지를 넣을 비닐봉지 몇 개가 있습니다. 그렇게 모인 배추 우거지는 맛깔스러운 김치로 다시 태어나고, 가끔은 제 밥상에 오르기도 하였지요. 배추 우거지가 없는 계절에는 인근 산으로 다니시면서 씀바귀나 쑥을 가득 담아 오십니다. 할머님 덕분에 구수한 쑥국이나 쌉싸래한 씀바귀나물을 먹는 호사를 누리기도 하였습니다. 남들이 쓰다 버린 흔한 가방도 할머님 손을 거치면 깨끗하게 손질되어 예쁜 가방으로 화사하게 달라지는 것을 종종 보았지요. 폐휴지나 빈 병들을 모으기도 하셨던 할머님은 그 어떤 것도 그냥 버리시지 않고 나름의 쓸모가 있도록 새롭게 만드셨습니다. 함께 사는 손주들의 용돈이라도 벌어보신다고 시작하셨는데, 하다 보니 벌이도 짭짤하고 일도 즐겁고 재미가 있어 수십 년째 하게 되었다고 말씀하셨습니다.

"처음엔 부끄러워서 아무리 쓸 만한 물건이 있어도 허리를 굽혀 물건 주울 엄두를 내지 못했었지. 근데 한참 전 어느 저녁 때 주택 뒷담 아래 아주 좋은 가방이 버려져 있는 거야. 그래 사방을 두리번거리다가 냅다 주웠지. 얼마나 가슴이 쿵쿵거리던지 심장 터져 죽는 줄 알았다니까. 그게 벌써 한 이십 년 전 일이네, 호호호."

할머님의 말씀은 계속 이어졌습니다.

"하루 세끼 밥도 이어 붙일 수 없는 집안에 태어나서 아주 어린 나이에 시집이라는 걸 갔지. 복 없는 년의 팔자는 어디를 가도 마찬가지라고, 시집도 궁색하기 이를 데 없는 살림이었지. 기가 턱 막히더만. 그래도 살아야지 어쩌겠어. 그래서 살림을 시작했지. 아들 하나 낳고 그다음 해 딸 하나 그렇게 남매를 두었어. 어린 남매는 밥 달라고 보채지, 늙은 서방은 골골거리지. 아이구 내가 살라고 산 게 아니네. 모진 목숨 끊을 수가 없어 살아진 거지. 그렇게 악다구니 같은 세월을 보내다가 결국엔 서방 먼저 보내고 다시 시집을 갔어."

할머님의 지나온 인생사는 길고 험한 고갯길이었습니다. 손이 귀한 집이었던 두번째 시집은 집안의 대를 이어줄 며느리라고 하여 약간의 패물도 있었습니다. 그러나 자기네도 데려가라고 치마꼬리를 잡고 매달리는 어린 남매를 밟고 떠나야 했으니 두번째 시집살이는 말못할 눈물로 시작된 셈이었습니다.

삼 형제를 두었고 먹고살 만했지만 아들만 낳아주면 아이들을 데려와도 된다는 매파 아주머니의 약속은 누구도 기억하고 있지 않았습니다. 오로지 할머님의 가슴속에만 한으로 남아 있었습니다.

글을 모르는 할머님은 커가는 아이들에게 편지 한 장 보낼 수 없었고 두고 온 자식 생각에 눈물짓는 할머님의 모습이 눈엣가시였던 시집식구들의 구박은 날로 자심해졌습니다. 남편이 술에 취해 들어오는 날이면 얻어맞을까 두려웠던 할머님은 집 안 구석진 창고에서 밤을 새우기가 일쑤였습니다. 그러다 보니 새로 얻은 아이들에게도 좋은 엄마 노릇을 하지 못했고, 얻어맞고 구박받는 엄마의 모습이 싫었던 아이들은 일찌감치 대처로 나가 대학까지 졸업하였는데, 세 아들의 졸업식을 한 번도 못 가보았다고 하셨습니다.

팔십 년 넘는 애달픈 인생사를 들려주시던 끝에 할머님은 당신 삶 속에 가장 큰 회한은 글을 읽을 줄도 쓸 줄도 모르는 것이라고 하셨습니다. 글만 쓸 수 있었어도 아이들에게 편지도 보내고 쌀이라도 보내줄 수 있었을 텐데……. 아이들이 얼마나 구박을 받고 서러움 속에 살았을까 생각하면 지금도 가슴에 번열증이 난다고 하셨습니다. 그리고 성경을 읽고 쓰고 싶다는 이야기도 하셨습니다. 그래서 할머님과 함께 한글 공부를 시작하기로 하였습니다. 할머님께서 가장 쓰고 싶어 하신 글자는 '하나님 아버지 고맙습니다'와 할머님 성함이었습니다. 죽기 전에 당신 손으로 꼭 당신의 이름을 쓰고 싶었노라고, 이제 그 꿈을 푸니 여한이 없노라고 말씀하시는 할머님의 말라붙은 입술은 부들부들 떨고 계셨습니다.

할머님의 한글 수업은 생각처럼 쉽지만은 않았습니다. 평생 한 번도 글을 써본 적이 없는 분이라서 가로세로 줄을 그리는 것조차도 쉽지 않았습니다. 얇은 노트 한 권이 끝나가는데도 수업은 진척이 거의 없었습니다. 숙제를 제대로 해 오지 못하는 것에 대해 늘 미안해하셨으나 그 상황은 미루어 짐작할 수 있

미아리 서신

었습니다. 폐지를 줍고, 배추 시래기를 주워 모으는 일은 팔순 노인에게는 매우 고되고 힘든 일일 것입니다. 할머님은 전기요금이 아까워 전등도 켜지 않은 컴컴한 방에서 잠에 취해 하루를 보내는 날들이 많았기에 시간을 내어 따로 연필을 잡고 쓰는 일이 그리 쉬운 일은 아니었을 것입니다. 그래도 할머님은 한 번도 거르지 않고 몇 쪽의 노트를 채워 오셨습니다. 꼬불꼬불하던 글씨도 제법 모양새를 갖춰가기 시작하였습니다.

그러더니 드디어 오롯이 할머님 자신의 힘으로 글씨를 써 오셨습니다. 몇 개월에 걸친 공부 끝에 할머님이 처음 쓰신 글자는 '하나님 고맙습니다'였습니다. 할머님이 가장 쓰시고 싶어 하던 글자였습니다. 자기처럼 죄 많은 사람을 구원해주시고 받아주시는 하나님이 얼마나 고맙고 감사한지 모르겠다고 늘 입버릇처럼 말씀하셨지요.

"목숨을 이어붙이는 일이 얼마나 구질구질한 일인지 약사 양반은 모를 거야. 나 자신이 더럽고 정말 싫어지는 거, 그런 기분이야."

그렇지요. 입에 밥 넣는 일에 급급해본 적이 없는 저로서는 할머님 심정을 다 이해할 수는 없었지만 그렇게 굽이굽이 살아오신 할머님의 한평생이 할머님 자신이나 서로 성이 다른 자식들에게 벗어버리기 쉽지 않은 큰 멍에였음을 미루어 짐작할 수 있었습니다. 자신이 낳은 자식들 모두로부터 인정받기 어려웠던 어머니라는 이름의 지게를 자신의 십자가로 삼아 등에 지고 걸어오신 할머님의 삶은 참으로 무거우셨을 것입니다.

몇 해 전부터 동네 할머님의 전도로 할머님은 교회를 나가기 시작하였지요. 교회에 가면 당신의 이름을 불러주는 것이 제일 좋다는 할머님은 열심히 예배를 드렸습니다. 그러나 성경을 읽고 찬송가를 부르는 일이 불가능한 할머님은 그저 남들이 하는 것을 보고 따라 소리를 내었습니다. 귀에 들리는 목사님의 설교 말씀이 너무도 소중했던 할머님은 한마디도 놓치지 않고 당신의 기억 속에 차곡차곡 쌓아놓으셨습니다. 집 나간 탕아가 다시 돌아왔을 때 수송아지를 잡고 온 동네 사람을 불러 잔치를 벌이는 아버지의 모습이 바로 하나님 아버지의 모습이라는 설교 말씀을 저한테 이야기하시면서 하나님 같은 분은 세상에 없을 거라고, 자기 속을 그렇게 썩인 자식을 받아들이고 잔치까지 베풀어주는 그런 아버지를 둔 우리는 무척 행복한 사람이라고 말씀하시던 할머님의 고백은 저에게 참으로 놀라운 경험이었습니다.

할머님은 글자 공부를 하고 한 자 한 자 글을 익히면서 성경책 읽기와 찬송가 부르기도 시작하셨습니다. 성경을 완벽하게 읽기는 어려웠으나 모르는 구절이 나오면 제게 물어보고 하시면서 한 장 한 장 읽고, 공책에 한 자 한 자 필사를 시작하셨습니다. 버스를 탈 때 차 번호를 물어보지 않고 자신이 읽어 알아보고 버스를 타니 얼마나 좋은지 모르겠다 하시면서 환하게 웃는 할머님의 미소는 참으로 고왔습니다.

어느 날 교회 구역 예배를 드리고 약국에 들르신 할머님은 기운이 다 빠지고 매우 힘들어 보이셨습니다. 걱정되어 안부를 챙기니 "나 이제 교회 못 다닐 것 같아. 어쩌지, 어떻게 해야 하지……." 하시면서 말끝을 흐리셨습니다.

"무슨 일이 있으신지 천천히 말씀해보세요."

하니 그때야 할머님은 이야기를 시작하셨습니다. 문제는 헌금이었습니다. 구역 예배를 드릴 때 할머님은 적은 금액의 헌금을 냈는데 구역 식구 한 분이 헌금 액수가 적다고 뭐라고 했고 그게 시작이 되어 그분과 조금 언성을 높여 다투었다고 하셨습니다. 부끄럽고 창피해서 이제 교회 못 다니겠다고 할머님은 울먹거리셨습니다. 그런 할머님을 지켜보는 저는 참으로 많이 부끄러웠습니다.

세상 가운데 사는 우리에게 물질이라는 숙제는 어려운 문제인 것 같습니다. 저도 가끔은 물질의 유혹과 어려움에 빠지곤 하니까요. 신앙을 이제 겨우 키워나가기 시작한 할머님께는 참으로 무겁고 해결하기 쉽지 않은 문제일 것입니다. 교회 또한 세상 사람들이 모여 있는 공간이기에 세상의 나쁜 법칙들이 아무런 정제 과정 없이 세상과 똑같이 적용되기도 한다는 이야기, 조금은 어렵고도 힘든 이야기를 할머님께 어떻게 해야 하나 고민을 많이 하였습니다. 가난한 과부의 두 렙돈 헌금을 기뻐 받으신 예수님의 자애로운 마음을 할머님께 이야기해야겠다고 생각하였습니다. 믿음생활을 시작하면서 하나님의 자녀임을 고백하고 살아가는 우리도 여전히 부족함이 많다는 이야기를, 자녀 된 격에 맞는 삶을 살아야 하는데 많이 부족하다는 이야기를 할머님과 함께 나누어야 하는데 그리하지 못하였습니다.

얼마 전 할머님께서 한동안 얼굴이 안 보이시길래 궁금하였는데 한참 만에 나타나신 할머님은 많이 여위셨고 얼굴도 상하셨습니다. 기침도 심하게 하셨습니다.

"내가 이제 약사 양반 얼굴 보는 일도 마지막인 거 같으이. 잘 지내시게. 그동안 고마웠네."

"아니에요, 할머님. 제가 더 고마웠지요. 너무 힘들어하지 마세요. 할머님을 사랑하시는 하나님 아버지가 따사로운 눈빛으로 두 팔 벌려 할머님을 안아주시려고 기다리고 계실 테니 너무 무서워하지 마세요. 편히 계시면 저도 나중에 만날 수 있어요."

할머님의 거칠고 갈퀴 같은 두 손을 잡았습니다. 몸이 많이 불편해지신 할머님은 인근 병원에 며칠씩 입원하는 일이 잦아졌습니다. 하얗게 눈이 내리던 지난 주일 저녁, 할머님은 하나님 나라로 행복한 여행을 떠나셨습니다. 하나님의 품에 안기신 할머님은 이제 아셨을 테지요. 어떻게 믿고, 어떻게 살아야 하는지를. 그리하여 하나님의 자녀된 자로서, 그 격에 맞는 삶을 위해 어떻게 노력해야 하는지를.

할머님 평안하시지요. 언제고 할머님을 다시 뵙게 되는 그날 하나님 아버지의 자녀된 자로서 부끄럽지 않은 삶을 살았노라고 당당히 이야기할 수 있는 제가 되도록 열심히 살겠습니다. 보고 싶습니다.

몇 개월에 걸친 공부 끝에
할머님이 처음 쓰신 글자는
'하나님 고맙습니다' 였습니다.
할머님이 가장 쓰시고 싶어 하던 글자였습니다.

소망이
피어나는 자리

마음 길도 하늘 색깔을 닮게 하는 참 좋은 계절입니다. 가을 햇살이 약국 앞 작은 거리를 가득 채울 때면 무언가를 널고 싶어집니다. 하나님 아버지께서 우리에게 주신 이 귀한 햇살을 그냥 놀리면 왠지 죄송하다는 생각이 들곤 합니다.

작년에 아버지께서 손이 심심하시다고, 조금이라도 농사를 지었으면 좋겠다고 그러시길래, 여기저기 알아보고 도봉산 자락 아래로 주말농장 열 평을 분양받았지요. 아버지는 봄부터 수확하는 가을까지 매일 농장으로 출근하셨습니다. 열 평이라고 해야 두 이랑 남짓한 땅이었는데 기름진 땅이었던지 소출이 아주 좋았습니다. 봄철에는 상추와 쑥갓, 겨자채 등을 심었고 다른 이랑에는 방울토마토와 고추를 심었습니다. 방울토마토 키가 제 키만큼 자랐으며 줄기마다 빨간 방울토마토가 대롱대롱 이슬마냥 맺혀 가는 모습을 보는 일도 꽤 재미있었습니다. 아버지처럼 매일 갈 수는 없었지만 '오늘은 방울이가 이렇게 달리고 고추가 이만큼 달렸다'고 자랑하시는 아버지 말씀에 귀가 솔깃하여 주일 예배를 마치고 도봉산 주말농장으로 달려가곤 하였습니다.

그중에서도 고추 농사가 가장 실하게 잘되어 아버지의 큰 자랑거리였지요. 연초록으로 영글어가는 고추를 한 가마니 따다가 온 동네 잔치를 하고 깨끗하게 갈무리하여 간장 고추지를 담갔습니다. 그런데 가을이 깊어갈 무렵 고추를 빨갛게 익히려고 고추밭에 자주 가지 않았더니 잘 익은 고추 일부를 도둑맞았습니다. 아버지는 몹시 화가 나셔서 일주일 내내 도둑을 잡는다고 도봉산 주말농장에 출근하셨습니다. 그래도 고추밭을 마무리하면서 수확한 고추가 두 가마니 정도 되었습니다.

제가 사는 집 옥상이 볕이 잘 들고 바람도 좋은 곳이어서 돗자리 두 개를 깔아놓고 고추 말리기를 시작하였습니다. 아침저녁으로 옥상에 오르락내리락하면서 고추를 널고 펼치고 하여 조금은 힘이 들었고 특히 갑자기 소나기라도 올라치면 잽싸게 집까지 뛰어가 돗자리를 뒤집어놓곤 하였지요. 물렁물렁했던 고추가 물기 한 점 없이 바짝 말라서 속이 투명하게 비치는 질 좋은 태양초가 되는 순간은 참으로 감동이었습니다. 동네 방앗간으로 말린 고추를 빻으러 가니 참 좋은 태양초라며 방앗간 할머니께서 부러워하셨습니다. 곱게 빻아서 가루로 만들고 갈무리를 잘하여 오랫동안 두고 먹었답니다. 반찬을 만들 때마다 흐뭇하고 행복하였지요. 주변의 지인들에게도 제 고춧가루를 물색없이 자랑하곤 했습니다.

환하기만 한 가을 햇살이지만 준영이 엄마는 따스한 밥 한 끼 제대로 먹을 수 없이 바쁘고 고된 시름의 시간을 보냈습니다.

거리의 풀빵도 맛있게 나누어 먹으면서 사이좋게 지내는 준영이와 재형이에게도 이 가을은 수난의 계절이 되어 아프게 아이들을 단련시키고 있습니다. 열흘 전에 준영이가 교통사고를 당했습니다. 학교 수업이 끝난 뒤에 작은 오토바이를 타고 다니는 친구에게 지하철역까지만 데려다달라고 하였습니다. 지하철역까지는 수 분 정도밖에 걸리지 않는 짧은 거리였으나 급하게 어디를 가느라고 시간이 바빴던 준영이가 친구의 오토바이 뒤에 앉아 가는 사이에 사고가 일어났습니다. 좌회전하다가 오토바이가 넘어졌고 뒷자리에 앉아 있던 준영이가 중심을 잃고 옆으로 넘어지면서 준영이의 발목 부위가 꺾였고 발목 관절이 골절되어버렸습니다. 단순한 골절이 아니고 복합 골절이라서 심하게 부어 바로 수술을 할 수가 없었습니다. 며칠 뒤 붓기가 좀 빠진 뒤에야 접합수술을 하고 발 전체를 석고 처리하였습니다.

준영이는 열흘째 병원에 입원하고 있습니다. 한편 발가락 상태가 많이 좋아진 재형이는 무서운 아버지가 있는 집 대신 형이 사는 좁디좁은 고시원으로 들어갔습니다. 그 열흘을 준영이 엄마는 어떻게 보냈는지 모르겠다고 했습니다. 장 권사님이 해주신 밑반찬 몇 가지에다 제가 또 몇 가지를 더해 한 보따리를 챙겨서 병원으로 향하였습니다. 병원 복도에서 준영이와 재형이가 휠체어 놀이를 하고 있었습니다. 밝은 아이들의 웃음을 보

1부.

니 마음의 무거움이 조금 줄어들었습니다.

한쪽 다리 전체를 석고 처리하여 움직임이 불편한 준영이도 돌봐야 하고 회사에 출근하여 일도 해야 하는 준영이 엄마의 일상. 두 가지 중 어느 것도 대충할 수 없기에 그녀의 어깨는 무거울 수밖에 없었습니다. 그녀에게 얹혀진 삶이라는 무거운 바윗돌을 단 하루라도 아니 잠시라도 그녀의 일상에서 내려놓게 하고 싶었습니다. 오 리를 가자는 친구에게 십 리를 가주고, 친구가 겉옷을 벗어 달라면 속옷까지 벗어주는 그런 사람이 되고 싶었습니다. 그렇게 그녀를 위로하며 안아주고 싶었습니다.

준영이 엄마와 함께 작은 나들이를 하였습니다. 성북동 간송미술관으로 '화훼영모대전'을 보러 갔습니다. 수백 년을 거슬러 올라 만난 세상 만물들은 지금의 그것과 같은 모습이었습니다. 자기가 봐야 뭘 아냐고 주저하던 그녀는 미술관 안마당에서 만난 작은 석탑들과 각종 석물을 쳐다보고 또 쳐다보더니 말합니다.

"저것들도 참 힘들었겠어, 언니. 이렇게 벌판에서 강한 햇살과 비바람을 다 맞고 있으니까. 얼마나 팍팍하고 고되었을까. 누구 하나 손잡아주는 이 없고······. 춥다고 이불 하나 덮어주는 이 없는 절해고도에 바람 맞고 서 있는 그런 심정이었을 거야."

그녀는 흘러내리는 눈물을 닦아내면서 빙그레 웃었습니다. 그렇게 자신의 심정을 털어내고 있었던 것이었지요.

그녀의 손을 꼭 잡고 미술관 안으로 들어갔습니다. 그리 넓지 않은 실내는 사람들로 가득 차 있었습니다. 호랑이, 나비, 원숭이 등등 다양한 생물들이 화폭 안에서 살아 움직이는 것처럼 선명하여 팔랑거리기까지 하였지요. 이 층으로 올라가니 좀 작은 사물을 그린 그림들이 전시되고 있었습니다. 전시장 안쪽의 그림들을 살펴보던 그녀는 발길을 잠시 멈추었습니다. 예쁜 꽃들이 그려져 있는 그림 두 점이 눈에 들어왔습니다. 그림을 그린 분은 '신씨'(1504-1551)라고 쓰여 있었습니다. 붉은 양귀비꽃과 흰색과 하늘색 섞인 고운 날개를 가진 호랑나비 그림과 원추리꽃과 패랭이꽃이 화폭을 가득 메운 그림이었습니다. 오백 년 전에 그린 그림이라곤 믿어지지 않을 만큼 나비의 날갯짓은 살랑거리고 톱날을 닮은 패랭이 꽃잎은 하늘거리고 있었습니다. 양귀비 꽃잎의 붉은색은 손가락을 툭 대면 묻어날 것만 같이 찰랑거리고 있었습니다. 그렇게 멋진 그림을 그린 이가 여인일 거라고 여겨졌나 봅니다.

"이렇게 재주가 귀한 여인이 마흔일곱 해만 살고 말았네요. 이 여인에게도 아마도 자식이 있었겠죠. 다 그렇게 살아가는 거군요."

그렇게 말하면서 진열장 안의 그림들을 다정스레 어루만졌습니다.

"언니, 그렇지요? 환난은 인내를, 인내는 연단을, 연단은 소망을 품게 하는 것이라고, 하나님 아버지께서 우리에게 말씀하셨잖아요. 제가 지금 겪는 이 환난이 결국은 소망을 품게 하는 것이네요, 언니."

제가 어렵게 하고 싶었던 이야기를 준영이 엄마가 먼저 이야기하였습니다. 그녀가 매우 고마웠고 많이 이뻤습니다. 자신의 신산한 삶을 위로할 수 있는 이가 하나님 아버지 한 분뿐임을 고백하는 일은 참으로 어려운 일입니다. 이렇게 담담히 자신을 풀어내고 있는 그녀를 이끌고 계시는 하나님 아버지, 고맙습니다.

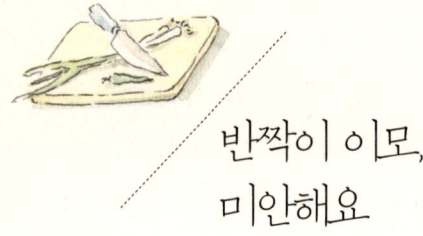

반짝이 이모,
미안해요

제가 살고 있는 미아리 성매매 집창촌의 겨울은 다른 동네보다 일찍 그리고 깊고 아프게 옵니다. 햇살이 강한 낮에는 인적이 뜸하지만 해가 뉘엿뉘엿 지기 시작하는 저녁이 오면 거리를 메우는 사람들이 하나둘 늘어나고 비로소 동네는 기지개를 켜면서 움직이기 시작합니다. 청소하고 빨래하고 이런저런 맛있는 반찬을 만들어놓고 들어가는 낮 주방 이모들의 퇴근길과, 밤새 청소와 심부름 등을 하기 위해 나오는 주방 이모들의 출근길이 겹치면서 약국 앞 작은 골목도 시끌벅적해집니다. 삼삼오오 짝을 지어 약국에 들러 피로회복제를 마시면서 고단했던 하루를 이야기합니다. 같은 가게에서 일하는 이모들이 반갑게 만나 무슨 반찬은 어디에 있고, 새로 산 양념은 어디에 두었다는 식의 작은 이야기들을 함께 나누는 모습은 참으로 평안해 보이지요. 지친 몸과 영혼을 이끌고 사랑하는 가족이 기다리고 있을 집으로 돌아가는 그들의 발걸음은 무겁고 애처롭기까지 합니다.

그중에서 유독 눈길을 끄는 이모가 있습니다. 빨갛게 바른 입술과 진하게 바른 무지갯빛 아이섀도의 반짝이 이모가 골목길에 나오면 동네가 다 환해지고 화려해지는 느낌마저 듭니다. 반짝이는 게 쓸쓸하지 않아서 좋다고, 언제나 스팽글이 많은 옷을 입고 다니는 그녀에게 제가 붙여준 별명이 반짝이 이모입니다.

퇴근길에 걸치는 술 한 잔이 유일한 삶의 위로라고 이야기하면서 늘 술 깨는 약을 사 먹곤 한답니다.

"나 집에 가면 누워 있는 엄마 기저귀도 갈고 목욕도 시켜야 해. 내가 가야 요양보호사가 퇴근하거든. 예쁜 내 새끼 사진 보여줄까? 딸꾹. 나는 이렇게 쓰레기같이 살아도 우리 딸은 약사 언니가 나왔다는 그 대학 다니고 있어. 딸꾹. 예전엔 쫙 깔렸었지. 내가 나이트에 떴다 하면 내 손 한번 잡아보려고 줄 선 사내들이……."

술에 취해 쏟아내는 그녀의 이야기는 늘 같은 레퍼토리였습니다. 술만 마시면 이야기가 길어지는 탓에 아무도 그녀와 함께 술을 마시려고 하지 않았지요. 그래서 그녀는 늘 혼자 술을 마시곤 하였답니다. 식당에서, 가게에서, 그도 저도 안되면 동네 슈퍼에서 술을 사서 거리에 주저앉아 술잔을 비우는 그녀를 자주 보게 되었습니다. 그녀는 점점 섬이 되어갔습니다.

언젠가 한번은 자기 이야기를 들어줘서 고맙다고 저에게 맛있는 케이크를 주고 간 적이 있습니다. 그저 듣기만 했는데 쑥스럽게 뭔 선물이냐고 거절했으나, 그녀는 제가 안 받으면 그냥 버리고 갈 거라면서 케이크 상자를 약국에 두고 가 버렸습니다. 며칠 뒤 반짝이 이모는 술이 거나하게 취한 채 약국 문을 벌컥 열고 들어왔습니다. 감기약을 사러 온 환자와 상담 중이던 저는 깜짝 놀랐습니다. 옆집 가게의 이모가 자기 단골손님을 다 뺏어 갔다고, 아주 나쁜 사람이라고, 약국 안이 쩌렁쩌렁 울리도록 소리를 지르는 그녀가 참으로 아파 보였습니다.

"그렇게 소리 지르면 좀 나아지나요? 그리 술에 취해서 온 동네가 떠나가라고 소리를 지르면 그 나쁜 사람이 없어지나요? 이모, 제발 정신 차리세요. 이러고 집에 들어가면 어머니 병간호는 어찌 감당하려고 이러세요. 자기 몸 하나도 제대로 가누지 못하면서……."

그동안 반짝이 이모를 보면서 하고 싶었던 말을 다 쏟아냈습니다. 거슴츠레한 눈으로 저를 바라보던 그녀의 눈빛은 그럼 어찌하느냐고 묻고 있었습니다. 그래요, 우리는 어쩔 수 없어요. 우리가 할 수 있는 게 아무것도 없어요. 자기 자신밖에 모르는 우리가 뭘 할 수 있을까요? 이는 어찌 보면 그녀에게만이 아니라 저 자신에게 하는 질문이었는지도 모릅니다. 우리는 스스로 다 할 수 있다고 생각하고 자신이 삶의 주인이라고 생각하고 살아가지만 고통스러운 순간을 만나면 그때는 어처구니없게도 남의 탓을 하거나 세상 탓을 하곤 합니다. 저도 그렇게 제 욕심으로 살아왔습니다. 이렇게 욕심 많고 자기밖에 모르는 사람이 무엇을 할 수 있을까요? 욕심과 이기와 집착으로 자신을 누에고치처럼 꼭꼭 싸맬 줄만 아는 미련한 우리네 삶. 그녀의 신산한 삶이 안타까웠고, 그녀의 삶과 많이 다를 바 없는 우리네 삶도 큰 아픔으로 다가오는 순간이었습니다. 그래서 이야기하였습니다. 저리도 우리를 품으시려고 두 팔 벌려 기다리시는 하나님 아버지의 큰 사랑을 알지 못하고 부평초처럼 떠돌기만 하는 그녀가 하나님께로 가는 기쁨이 있으면 정말 좋겠다고 말입니다. 그녀의 대답은 의외였습니다.

"나도 교회라는 데를 가보고 싶어요. 하나님 만나고 싶어요. 교회 종소리를 들으면 평안해지고, 교회 노래를 들으면 왠지 기분이 좋아져요. 근데 아무도 나에게 교회 가자고 한 사람이 없었어요. 머쓱하게 혼자 가기는 좀 그래서 여적 못 가고 있었어요. 약사 이모가 나 좀 교회로 데려가 줄래요? 그럼 정말 좋겠어."

그녀의 이야기를 들으면서 저의 이기심과 무심함을 반성하게 되었습니다. 그렇게 많이 만나고 이야기를 나누었으면서도 반짝이 이모에게 하나님 말씀을 왜 나누지 못했을까요. 아직도 제 속에 선입견이 많이 남아 있었다는 고백을 부끄럽지만 해야만 할 것 같습니다. 늘 술 냄새를 풍기며 평범하지 않은 옷차림과 화장을 하고 무엇보다 시도 때도 없이 소리를 질러대는 반짝이 이모를 모시고 교회를 가는 일이 사실 엄두가 나지 않았기 때문입니다. 그런 그녀가 이제 자신의 발로 교회를 가겠다

미아리 서신

고 고백합니다. 참으로 감사할 일입니다. 겉모습에 눈이 먼 저희가 게으름을 피우는 동안에도 하나님 아버지께서는 포기하지 않으시고 오랫동안 그녀를 기다리고 계셨습니다. 거듭나는 삶을 살겠노라고 그렇게 기도를 하고 고백을 하면서도 성숙한 삶을 살지 못하는 저희 또한 절대 포기하지 않으시고 아직도 기다리시고 품어주시는 하나님 아버지.

같이 교회에 가기로 한 날, 반짝이 이모는 예배시간보다 훨씬 일찍 나와서 저를 기다리고 있었습니다. 옷차림도 얌전하고 화장도 평소보다 약하게 한 그녀의 얼굴에서 설렘이 느껴졌습니다. 함께 기도하고, 성경을 읽고, 찬송하고, 말씀을 듣는 동안 그녀의 눈동자에 평안이 가득해지는 것을 보았습니다.

하나님 아버지. 지난한 삶의 여정에서 앞으로 만나게 될 많은 언덕들, 그녀를 술 마시게 하고, 그녀를 취하게 하고, 그녀를 눈물 나게 하고, 그녀를 욕하게 하고, 소리 지르게 하는 그때마다 오늘 그녀가 품었던 가득함을 기억하기를, 그리하여 그녀가 혼자가 아님을 알게 되는 축복을 허락하여주시옵소서. 아멘.

나도 교회라는 데를 가 보고 싶어요.
하나님 만나고 싶어요.
근데 아무도 나에게 교회 가자고 한 사람이 없었어요.

카타콤에서
이제 그만
나오세요

봄과 여름내 땀 흘려 농사짓습니다. 가을엔 그 귀한 물산을 거두어 갈무리를 하며 다가올 추운 날을 준비합니다. 길고 깊은 겨울날을 보낸 뒤에는 다시 봄을 맞게 됩니다. 하나님 아버지께서 따르라 말씀하신 길을 따라가면 그리 고민할 일도 없이 세월을 보내고 맞을 수 있을 것입니다. 자연은 이렇게 하나님 아버지께서 정답을 만들어 갈 길을 일러놓으셨는데 우리네 삶에는 정답이 없으니 가야 할 길도 알 수가 없고 각자가 스스로 알아서 가야 합니다. 다들 잘 가고 계시는지요?

저는 지금 가는 길이 잘 가고 있는 것인지 자신이 없고 어떻게 가야 할지 알 수 없을 때 제가 허우적거리며 걸어왔던 길을 되돌아보곤 하지요. 제가 걸어온 길의 중심에 무엇이 있었는지, 제 눈에 가장 먼저 들어와 저를 미혹시켰던 것이 무엇이었는지 곰곰이 생각하여 봅니다. 참으로 외롭고 힘든 시간이지만 맑게 잘 닦은 거울처럼 오롯이 자신을 볼 수 있는 나무 평상 같은 그런 자리입니다. 김 씨 아저씨는 그렇게 자신을 돌아보고 자신과 마주하는 일이 참 버거우셨나 봅니다.

이십 년 전 집창촌이 가장 왕성했던 시절, 아저씨는 업소를 세 개나 가지고 있는 꽤 잘나가는 업주였다는 이야기를 동네 이모들을 통하여 들었습니다. 술에 취하면 분노에 못 이겨 야구방망이나 각목을 들고 동네를 휘젓고 다니면서 가게 유리창을 부숩니다. 사람을 때리지는 않고 그저 유리창만 깨트리고 다닙니다. 이 동네 가게 유리창은 안쪽에 검은 색지로 코팅이 되어 있어 깨트려도 조각조각 나지 않고 코팅지에 붙어 있게 됩니다. 깨진 창으로 사람이 상하거나 집기가 망가질 일은 없는 셈이지요. 아저씨도 이 점을 염두에 두고 있었나 봅니다. 간혹 코팅 안 된 집이 있으면 그 유리창은 절대 건드리지 않았지요.

아저씨는 이십 년 전 업소를 할 때 생기는 스트레스를 오로지 술로 풀었다고 합니다. 혼자 마시는 것이 아니라 꼭 아내와 함께 마셨는데, 꽤 오랜 세월 그러다 보니 두 분 다 그만 알코올 중독자가 되었습니다. 아주머니는 상태가 심해서 입원치료를 하게 되었고 그러는 사이 가게 관리가 안 되어 엉망이 되어 갔습니다. 아주머니의 질환은 점점 깊어져 알코올 중독으로 간경화와 정신착란 증세까지 생겨 거의 십수 년 동안 병원 신세를 지게 되었습니다. 그래서인지 저는 아주머니를 본 적이 없습니다. 아저씨가 술에 취해 돌아다니면 동네 마담 이모들은 한마디씩 합니다.

"쯧쯧 또 마누라가 아픈 모양이네."

"저 불쌍한 인사를 어쩌누……."

솟구쳐오는 분노에 자신을 어쩌지 못하고 술의 힘을 빌려 각목을 휘두르던 아저씨는 아마도 미아리 성매매 집창촌의 여자들 앞에서 그 순간이나마 권력자로 군림하고 싶었던 게 아닌가 싶습니다. 업소들에게는 큰 피해가 가지 않도록 조심하는 것 같았습니다.

아저씨가 업소를 하던 옛날에 아저씨는 집창촌 사람들에게 참 잘했다고 합니다. 돈을 빌려 줄 때도 이자를 싸게 받았고, 가게에서 일하는 아이들에 대한 대접도 잘해주었다고 합니다. 이 동네에 오래 있는 이모들 가운데 그때 아저씨에게 신세 지지 않은 사람이 없다는 이야기도 들었습니다.

더는 병원비를 낼 수 없었던 아주머니는 퇴원하셨고 아저씨와 함께 지내게 되었습니다. 전반적인 경기 불황으로 이곳 미아리 성매매 집창촌도 문을 닫는 집들이 생기면서 빈 가게들이 늘어났습니다. 아저씨는 그런 빈 가게 중 한 곳에 아주머니와 함께 둥지를 틀었습니다.

아저씨 사정을 잘 알고 딱하게 여긴 주방 이모들이 살림살이들을 이것저것 챙겨주었고 밥과 반찬들도 수시로 챙겨주었습니다. 담배를 끊지 못한 아저씨는 아내를 위하여 담배를 끊어야 한다며 금연 보조 파이프를 사러 약국에 자주 들렀고 올 때마다 아저씨 손에는 까만 봉다리가 들려 있었습니다.

"헤헤헤 동네 이모들이 이렇게 챙겨주네요. 감사할 일이죠."
"정말 좋으신 분들이네요. 이곳 미아리 집창촌도 사람이 사는 곳이니까요."

그렇게 가을을 보낸 아저씨 가정에 겨울이 다가왔습니다. 병원에 가기 위해 길을 나선 아주머니의 얼굴은 누렇게 뜨고 푸석푸석하여 말기 환자의 느낌이 완연하였습니다. 날씨도 추워지는데 불기운 하나 없는 빈집에서 주워 온 이불만 뒤집어쓰고 지내야 하는 두 분의 딱한 처지가 마음에 걸리고 많이 불편하였습니다.

아마 그즈음이었던 것 같습니다. 아저씨가 저희 교회를 다니기 시작하였습니다. 그리고 술을 다시 마시기 시작하였습니다. 만나는 사람마다 일, 이천 원만 빌려 달라고 하여 그 돈으로 술을 사는 모습이 자주 보였습니다. 늘 술에 취해 비틀거리며 동네를 방황하였고 교회에 예배를 보러 올 때도 지독한 술 냄새 때문에 난감한 상황이 자주 벌어졌습니다. 그럼에도 아저씨는 예배를 드리고 기도를 할 때면 잠깐이나마 편안한 얼굴이 되곤 했습니다.

가끔 약국에 들르는 아저씨에게 피로회복제를 드리고, "편히 지내세요. 일도 좀 하시면 어떨까요."라며 조심스레 몇 마디 건네는 일 외에는 제가 할 수 있는 일이 없었습니다. 아저씨에게 한 발 다가가는 일이 겁나고 무서웠다는 것이 솔직한 제 고백일 것입니다. 아직도 세상의 잣대로 사람을 보는 저의 부끄

미아리 서신

러운 모습일 것입니다. 아저씨가 온 동네 사람들과 시비를 걸고 싸우고 얻어맞고 다니는 동안 빈집에 남겨진 아주머니는 어찌 있었을지……. 얼마 후 아저씨와 아주머니는 동네에서 자취를 감추셨습니다.

몇 년이 흐른 뒤 주방 이모가 소식을 전해 주길, 아주머니는 병이 악화되어 돌아가셨고 아저씨는 죄를 지어 교도소에 수감되었다고 합니다. 이 세상에서 산다는 일은 참으로 무겁고 어려운 일입니다. 저희도 하나님 아버지께서 만들어놓으신 세상의 일부임에는 분명합니다. 저희를 만드실 때 하나님 아버지께서는 당신의 형상대로 만드셨다고 하신 의미가 무얼까 하고 참 많이 고민하였습니다.

모든 자연에는 섭리가 있어 정해진 규칙대로 가면 되는 것이지요. 단 하나, 인간만은 예외입니다. 인간의 삶에는 정해진 규칙이 없고 우리가 찾아야 하는 숙제만이 있습니다. 어떻게 살고 어떻게 나아가야 하는지 무엇을 향해 한 발 한 발 열심을 내디뎌야 하는지……. 너무도 넓은 선택의 폭이 선택을 어렵게 하고 있습니다. 삶의 주인이 자신임은 분명한데도 어쩌지 못하는 그 막막함의 가운데서 서서히 무너져간 김 씨 아저씨. 아저씨가 손을 내밀었는데 제가 잡지 못한 것인지, 아저씨가 손을 내민 적이 없었던 것인지 잘 모르겠습니다.

초기 기독교인들이 예배를 드렸던 카타콤이 생각납니다. 별 한 줌 들지 않는 수십 미터 지하 무덤에서 그들이 깨달은 하나님 아버지의 참뜻이 무엇일까요? 하나님 아버지께서 사랑하시는 김 씨 아저씨가 이제 그만 카타콤에서 나왔으면 좋겠습니다. 나와서 열심을 내었으면 좋겠습니다.

2부.

제가 더 많이
고 맙 습 니 다

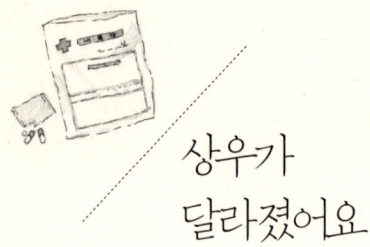

상우가
달라졌어요

지독한 감기에 걸렸습니다. 약국에서 일하거나 집안일을 하거나 하여 몸을 움직이면 기침은 안 나는데 잠을 자기 위해 몸을 누이면 발작적인 기침이 일어납니다. 기침하는 순간에는 기도가 좁아져서 순간 호흡이 힘들어지는 경험을 하고 있습니다. 썩 유쾌한 경험은 아니지만 아픈 사람을 늘 만나고 그들을 치료해야 하는 약사라는 직업을 가지고 있기에 환자의 아픔을 같이 느낄 수 있다는 것에 위안을 얻고 있습니다. 제가 아파 보니까 몸이 아프다는 것이 마음마저 우울해지고 예민해지는 일임을 알게 되었답니다. 괜히 사소한 일에도 신경질을 내고 짜증이 많아지는 제 모습을 보면서 아 이럴 수도 있구나, 아프다는 일은 참으로 불편한 일이구나 하는 생각이 들었습니다.

하얀 달이었습니다. 겨울 밤하늘에 외롭고 춥게 떠 있는 하얀 보름달과 상우는 참 많이 닮아 있었습니다. 한여름 어린이 주일학교 예배실에서 땀을 뻘뻘 흘리며 뛰어노는 아이들 속에 창백하고 하얀 얼굴로 구석에 앉아 있는 그 아이는 쉽게 눈에 띄지 않았지요. 몸의 움직임이 많은 아이들은 하루에도 몇 차례 땀으로 목욕을 하게 마련인 한여름에도 얼음 기둥에 서 있는 것처럼 아이의 얼굴에는 서늘한 기운이 가득했습니다. 아이의 건강이 걱정되어 다가가 아이의 손을 잡아보았습니다. 아주 차가운 기운이 가득했고 약간 푸른 빛마저 도는 얼굴을 가진 그 아이의 이름은 상우였습니다. 아이의 바다를 닮은 눈이 제 마음에 맺혔습니다.

며칠 뒤 동네에서 뛰어노는 상우를 발견하곤 참으로 다행이다 싶었습니다. 아이에게 말을 시키고, 아이가 데리고 노는 강아지의 이름을 물어보니 아이는 신이 나서 대답을 합니다. 이렇게 하면 강아지는 이렇게 따라 돈다고 하면서 교회 앞 작은 마당에서 강아지와 마당 몇 바퀴를 뛰고 난 상우의 이마에는 모처럼 땀방울이 송알송알 맺혔습니다. 아이가 좋아하는 우유를 사주고 아이의 손을 잡고 약국까지 함께 걸었습니다.

상우 엄마는 미아리 집창촌에서 일하는 마담 이모입니다. 마담은 손님을 호객하고 흥정 하는 일을 합니다. 나이는 보통 사십 대가 거의 넘고 육십 대도 종종 있는데, 술에 취한 남자들을 상대해야 하고 이런저런 실랑이에 몸싸움, 말싸움까지 벌여야 하는, 스트레스가 여간 많은 일이 아닙니다. 밤새 사람들과 부대끼고 가끔은 단골이 주는 술도 한두 잔 받아야 하고 문제가 생기면 그것도 살펴야 하니 하루 일을 마치고 나서는 이모들은 파김치가 되기 일쑤입니다.

상우 엄마도 예외는 아니었지요. 상우가 학교에서 돌아올 때면 엄마는 밤새 일을 하고 들어와 지쳐 잠들어 있습니다. 상우 엄마는 상우를 위하여 밥상을 꼭 차려놓습니다. 상우가 좋아하

미아리 서신

는 반찬을 만들고 간단한 메모도 붙여놓고 상우 엄마는 잠이 듭니다. 동네 슈퍼에서 장을 보는 상우 엄마를 가끔 볼 수 있었는데 고단한 얼굴로 아들을 위해 반찬을 만들고 있는 그녀의 모습을 쉽게 떠올릴 수 있었습니다.

상우 엄마와 아빠는 상우가 아주 어렸을 때 헤어졌고 상우 엄마의 일을 싫어했던 상우 아빠가 상우를 데려가 여러 해 키웠습니다. 문제는 상우 아빠가 재혼하면서 불거졌습니다. 내성적이고 얌전한 상우가 새엄마와의 관계에 적응을 하지 못하고 점점 더 예민해지더니 학교에서나 집에서나 외톨이가 되었습니다. 보다 못한 엄마가 상우를 데려왔습니다. 밤과 낮이 바뀐 채 살아가는 상우 엄마가 혼자 힘으로 아이를 키우기란 참으로 어려운 일입니다. 상우 엄마의 많은 노력으로 상우는 새로 전학 온 학교에서도 그런대로 적응하였습니다.

주일날 아침 상우 엄마가 쭈뼛거리는 상우의 손을 잡고 교회에 온 것도 그즈음이었습니다. 교회에 와서도 상우는 아이들과 쉽게 어울리지는 못하였지만 찬양과 율동 그리고 함께 나누는 기도와 교제의 시간에 아이들과 하나 둘 손을 잡기 시작하였습니다. 상우의 서늘한 손이 시원해서 좋다며 서로 잡으려고 하는 주일학교 아이들이 참으로 예뻤습니다. 하얀 얼굴과 푸른 빛이 도는 입술 그리고 일 년 내내 얼음처럼 차가운 자신의 손이 참으로 싫었다는 이야기를 상우에게서 들은 것은 얼마 전 감기약 처방전을 가지고 약국에 왔을 때였습니다.

　겨울이 되면 상우는 감기를 달고 삽니다. 가슴이 답답하다고 목 감싸는 옷을 싫어하여 추운 겨울에도 목을 훤히 드러내놓고 다니니 기관지와 인후부위가 쉽게 감염되는 것입니다. 맨발에 슬리퍼 차림으로 얼굴이 벌개지도록 기침을 하면서도 아이는 괜찮다고 말합니다.

　"그렇게 다니지 말아야지. 그러면 감기가 오래가니까 항상 양말을 신고 신발을 챙겨야지, 상우야."

　"괜찮아요. 저는 이게 시원하고 좋아요. 양말을 신으면 답답해서 싫어요. 그리구 저 그렇게 아프지 않아요. 맨날 아프면 엄마가 걱정하셔서……."

　상우 엄마가 제게 똑같은 이야기를 하였습니다.

　"약사 언니야, 우리 상우의 단골 레퍼토리가 뭔 줄 알아? 글쎄 괜찮아요, 무조건 괜찮아요, 아파도 괜찮고 목이 부어서 말 한마디 못해도 괜찮아요……."

　나이답지 않게 너무 일찍 어른이 되어버린 상우는 떼를 부리는 법을 배우지 못한 것 같았습니다. 일 년에 한 번씩은 전학을 하며 여기저기 옮겨 다니면서 어디에도 뿌리를 내리지 못한 부평초 같은 삶을 살아냈던 상우는 이제 겨우 열두 살짜리 아이입니다. 아픈 자기를 걱정하는 엄마를 더 걱정하고, 교회 전도사님께 괜히 신경 쓰시게 해서 미안하다고 얼굴을 떨구던 상우는 이제 겨우 열두 살짜리 아이입니다. 기침을 많이 해서 제대로 음식을 섭취할 수도 없고, 기도를 막는 가래 탓에 편히 누워 잠을 자는 일조차 힘든 상우가 품고 있는 그 마음이 참으로 귀하고 소중하다는 생각을 하였습니다.

얼마 전부터 상우에게 함께 사는 삼촌이 생겼습니다. 상우가 삼촌과 함께 약을 지으러 약국에 왔습니다.

"약사 선생님, 상우 약 알약 말고 갈아서 주세요. 상우가 알약을 잘 못 먹어서요."

"예, 알겠어요. 그런데 상우야, 너 예전에는 알약으로 지어 갔잖아. 알약이 좋다고."

"알약을 먹다 보니까 목에 자꾸 걸려서요."

약을 지으러 조제실에 들어간 사이에 상우가 삼촌한테 피자를 사달라고 조르기 시작하였습니다. 피자 안 사주면 약을 안 먹겠다고 삼촌을 협박(?)하고 있었습니다. 세상에, 상우가 떼를 쓰다니……. 하나님 아버지 감사합니다. 하나님 아버지 고맙습니다. 열두 살의 상우로 돌아온 착한 상우. 억지도 부리고 생떼도 부리고 하면서 상우가 자신에게 주어진 사랑을 맛있게 받아먹고 무럭무럭 하나님 아버지의 사람으로 잘 성장하길 바랍니다. 상우 엄마 그리고 상우 삼촌의 하염없는 사랑으로 튼실하게 잘 자라서 하나님 아버지 사랑의 통로로 쓰임 받기를. 어찌 보면 상우는 이미 하나님 아버지께 쓰임 받고 있는지도 모르겠습니다. 하나님 아버지께서 저희에게 주시는 크신 사랑은 오롯이 저희 몫으로만 온 것은 아닐 것입니다. 하나님의 말씀을 접해본 일조차 없는 이들에게 저희가 통로 되어 흘러가게 해야 함에도 미련한 저희의 삶은 아직도 많은 파이프를 연결하지 못하고 있습니다. 상우는 자신의 몸보다 남을 배려하고 귀히 여기는 작고 아름다운 하나님 아버지 축복의 통로입니다. 거창하게 드러내는 것이 아닌, 삶 가운데 졸졸 흐르는 샘물 같은 그런 통로 같은 삶을 살아내고 있는 상우를 저희에게 주신 하나님 아버지 고맙습니다.

나이답지 않게 너무 일찍
어른이 되어버린 상우는 떼를 부리는 법을
배우지 못한 것 같았습니다.
아픈 자기를 걱정하는 엄마를 더 걱정하고,
교회 전도사님께 괜히 신경 쓰시게 해서 미안하다고
얼굴을 떨구던 상우는
이제 겨우 열두 살짜리 아이입니다.
그 마음이 참으로 귀하고
소중하다는 생각을 하였습니다.

희야 씨,
잘 있나요?

여러분도 혹시 자신과 만나신 적이 있나요? 저는 미아리 집창촌 아이들과 이야기하면서 편견으로 엉킨 제 마음을 보았습니다. 또한 철모르고 자만에 가득 찬 저를 보게 되었습니다. 하나님 아버지께서 왜 위대하신 분인지 알게 되었습니다. 하나님 아버지의 의가 아닌 저 자신의 의로 무언가를 해보겠다고 했던 일들이 얼마나 부끄러웠는지 모릅니다.

교만했던 저의 무릎을 꿇게 하시고자 하나님 아버지께서 제게 보낸 보혜사는 희야라는 이름의 어린 친구였습니다. 중학교도 채 마치지 못하고 집을 나와, 어린 나이에 세상 여기저기를 떠돌아다니다가 이곳까지 들어온 그 아이는 몸 안에 칼을 품고 사는 아이였습니다. 마치 세상과 한 판 전쟁이라도 할 것 같은 날카로움으로 하루하루를 사는 희야 씨 주위에는 아무도 없었습니다.

이 동네 아이들은 혼자 잘 다니질 않습니다. 어두울 때 어두운 곳에서 일을 하고 환한 햇살보다는 붉은 형광등 조명이 더 익숙하기에 볕을 받고 나가는 걸 불편해 하며 항상 두서너 명이 함께 다니곤 합니다. 약국에 올 때도 마찬가지입니다. 그런데 희야 씨는 늘 혼자였습니다. 화장을 말끔히 지운 그녀는 표정 없는 얼굴로 잠자는 약을 달라는 말만 짧게 하였습니다.

"이런 약은 이렇게 계속 먹으면 안 돼요. 왜 잠을 못 자는지 알아서 원인 치료를 해야지요. 병원도 가 보고 다른 약도 먹어 보고······."

제 말을 자르고 희야 씨가 묻습니다.

"됐어요. 얼마예요?"

매일 약을 사러 오는 그녀에게 몇 마디 말을 붙여보았지만 돌아오는 것은 매몰찬 통박뿐이었습니다. 그녀와의 대화는 늘 똑같았습니다. 그러나 날로 핏기를 잃어가는 그녀의 얼굴과 말라가는 몸이 눈에 밟혀 그녀를 향한 제 마음을 접을 수는 없었습니다. 잔뜩 날이 서 있는 그녀를 제게 보내주신 분이 하나님 아버지라는 사실을 잘 알기에 순종하며, 등을 휙 돌리고 얼음처럼 차갑게 나가는 희야 씨에게 "남은 시간 좋은 날 되어요. 그리고 평안하고요."라고 인사말을 계속할 수 있었습니다.

그녀는 몸이 너무 힘들어 나올 수 없는 날에는 가게에서 일하는 주방 이모를 대신 보내기도 했습니다. 그녀의 안부가 몹시 궁금하여 주방 이모에게 이런저런 이야기를 물어보았습니다. 밥을 먹는 일보다는 술을 더 자주 먹는다는 이야기와 약이 없으면 거의 잠을 이루지 못한다는 이야기도 들었습니다. 그녀를 위해 더 많이 다가가고, 더 많이 집중하고, 더 많이 기도해야겠다는 생각을 하였습니다.

얼마쯤 지난 뒤 드디어 희야 씨가 제게 말을 건네왔습니다.

몸이 너무 힘든데 어찌하면 되느냐고, 아무리 술을 마셔도 잠이 오지 않고, 수면 유도제로도 소용이 없다고, 정말 이러다가 죽을 거 같다고……. 그녀는 정말 어렵사리 제게 손을 내밀었습니다. 하나님 아버지께 정말 감사했습니다. 그녀가 이제 세상으로 나오고자 조심스레 한 발자국을 떼기 시작한 것입니다. 우선 병원에 가서 이런저런 검사를 받아보길 권하였습니다. 검사해보니 간 기능이 많이 약해져 있고, 위벽도 많이 헐어서 궤양이 심한 상태였습니다. 다행히 약물치료를 열심히 하면 많이 좋아진다는 의사선생님의 말을 듣고 제게 그걸 전해주는 희야 씨 얼굴은 빛나고 행복해 보였습니다.

 술을 끊기로 하였으나 희야 씨에게는 쉽지 않은 일이었습니다. 술병을 향해 가는 손이 정말 싫다고 그러나 손이 자신의 말을 듣지 않는다고 그녀는 아프게 고백하였습니다.

 "혼자 전부 다 하려고 너무 애쓰지 말아요. 지금까지 당신은 힘들게 버티어 왔잖아요. 여기까지 온 것만으로도 당신은 잘하고 있는 거니까 이제 도움을 받아요."

 그리고 희야 씨에게 제 이야기를 들려주었습니다.

 "삶의 신산한 언덕을 도저히 넘을 수가 없었어요. 너무 외로웠고 힘들었지요. 세상에 대한 원망도 많이 했구요. 왜 나만 이런지, 다들 잘들 사는데 왜 나만 이렇게 거지같이 살아야 하는지, 내가 뭘 그리 잘못했는지……. 그저 딱 여기서 삶의 문을 닫고 세상에서 사라져버렸으면 좋겠다고 생각한 적도 있었어요."

믿을 수 없다는 듯한 눈빛으로 희야 씨가 저를 쳐다보았습니다.

"내가 살 수 있었던 까닭은 나의 나약함을 인정하고 하나님 아버지께 무릎을 꿇고 엎드리고 복종했기 때문입니다. 내 삶을 내 힘으로, 내 의지로만 살아가는 것이 아니에요. 우리는 하나님 아버지 품속에서만 살아갈 수 있어요, 희야 씨."

저의 깊고 작은 고백을 듣더니 그녀가 말합니다.

"저는 기도할 줄 몰라요."

"그냥 이야기해요. 뭐가 힘든지, 뭐가 어려운지, 아버지에게나 힘들다고 투정하는 것처럼 그렇게 하나님께 아뢰어봐요. 눈물이 흐르면 흐르는 대로, 누구에게도 할 수 없었던 이야기들을 다 털어놓아 보세요."

그녀와의 이야기가 조금은 무겁고 아프게 이어졌습니다. 그녀가 어떻게 이곳까지 오게 되었는지 물어보지 않았습니다. 그저 살아 있어줘서 고맙노라고 그녀를 어루만지고 안아주고 싶었습니다.

그녀는 계속 병원 치료를 받으면서 약을 지으러 약국에 들렀

미아리 서신

습니다. 그런 그녀에게 더는 술 냄새가 나지 않았습니다. 사람의 눈을 피해 항상 바닥만 바라보고 다니던 그녀가 웃으면서 저와 눈인사를 하였습니다. 귀에 이어폰을 꽂고 음악에 맞춰 온몸을 까딱거리고 살짝 콧노래를 흥얼거리는 모습을 보는 날도 있었습니다.

그러던 한참 뒤, 늦은 오후에 외출하는 희야 씨 모습을 거의 매일 보게 되었습니다. 궁금하기도 하고 걱정되기도 하여 약 심부름을 온 주방 이모에게 물어보니 희야 씨가 미용학원에 다닌다고 하였습니다. 세상에, 그녀가 미아리 집창촌에서 나가 이다음의 삶을 준비한다는 것은 참으로 놀라운 일이었습니다. 그녀가 일하는 가게 사람들도 그런 그녀의 모습에 모두 놀랐다고 하였습니다. 툭하면 술 먹고 사고를 치는 꼴통이었던 그녀가 공부를 한다니, 정말 상상초월이었다고 그래서 모두 다 좋아하고 있다고 하였습니다.

필기시험에 붙고 나서도 꽤 오랫동안 실기시험 준비를 해야 했던 희야 씨는 마침내 미용사 자격증을 따고 미아리 생활을 정리하였습니다. 희야 씨가 마지막 인사를 하러 약국에 들렀습니다. 잘 가라고, 다시 오지 말라고, 아무리 힘들어도 미용실 생활 열심히 하면서 잘 살라고, 일이 힘들어 때려치우고 싶으면 여기에서 희야 씨가 먹고 버린 소주병 수를 생각하라고,

참아보라고, 그러면 참아질 거라고…… 그렇게 희야 씨와 인사를 하였습니다.

 그 뒤로 그녀에게는 연락이 없습니다. 아니 제가 연락하지 말라고 하였습니다. 어디선가 열심히 고객의 머리 손질을 하며 흥얼거리면서 일하고 있을 희야 씨가 가끔은 보고 싶습니다. 하나님 아버지, 그녀를 지켜주시옵소서. 하나님 아버지의 넓은 목장에서 그녀가 뛰어놀 수 있도록 그녀를 위한 크고 넓고 튼튼한 목장을 만들어주시길 간절히 바라고 원합니다.

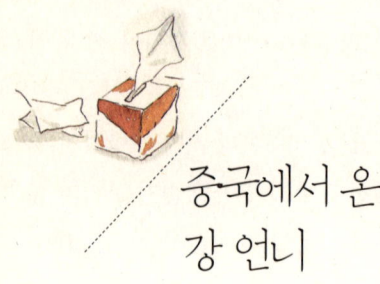

중국에서 온
강 언니

제가 사는 동네는 아직 재개발이 안 되어 예스러운 기와를 올린, 지은 지 수십 년이 넘은 집들과 올망졸망하고 낮은 담 아래로 작은 골목길들이 고불고불 이어지고 있습니다. 응달진 골목길은 가뜩이나 울퉁불퉁한 바닥에 얼음까지 얼면 걷기가 여간 불편한 게 아닙니다. 가뜩이나 운동신경이 둔한 저는 간간히 해가 들어 녹은 곳을 찾아 살살 기다시피 다니고 있답니다. 그렇게 걷다 보면 그 길을 쌩쌩 달리는 붕붕 소리가 조금은 부럽기도 합니다. 자그마한 골목길을 가득 메우는 붕붕 소리는 여러 가지 음식을 배달하는 아저씨들의 오토바이 소리랍니다.

하루하루 바쁜 일상을 살아가는 미아리 집창촌 사람들에게는 하루 세끼를 집에서 자신의 손으로 만들어 먹는 일도 참으로 어렵습니다. 그러다 보니 간단하고 편하게 식사를 해결하길 원하는 미아리 사람들에게 음식 배달하는 오토바이는 매우 중요한 존재이지요. 요란하게 소리를 내며 움직이는 오토바이 사이로 동그란 양철 쟁반을 머리에 인 배달 아주머니들의 모습도 종종 거리에 비칩니다. 큰 쟁반 위에 갖가지 반찬 그릇을 담아 머리에 이고 휘청거리며 걸어가는 모습은 위태로워 보이기까지 합니다.

갈비탕 그릇 세 개를 얹은 쟁반과 아주머니가 함께 약국 앞에서 나동그라진 적이 있습니다. 약국 뒷골목에 있는 작은 식당에서 일하시는 중국인 아주머니가 넘어지면서 깍두기와 반찬들이 골목 앞에 쏟아져 난장판이 되었지요. 얼른 나가서 그분을 일으켜드리고 살펴보니 다행히 크게 다치신 데는 없었습니다. 아주머니가 제게 뭐라고 인사를 하는데 말을 알아들을 수 없었습니다. 소리를 듣고 뛰어나온 식당 주인아주머니가 옆에서 보더니 대신 설명해주셨는데, 조선족이 아니고 한족(중국민족의 하나)이라서 우리말을 잘 못한다는 것이었습니다.

대부분의 중국교포(조선족)들이 그러하듯이 한국 남자와 결혼하여 우리나라에 온 강 언니는 식당에서 일한 지 일 년이 조금 넘었다고 했습니다. 중국에 있을 때 비밀교회를 다녀봤다는 언니는 주기도문을 한문으로 척척 써 내려가고 성경 암송을 중국말로 열심히 하였지요. 교회를 다니기 시작하면서 언니는 밝아지고 환해졌습니다. 동네에서 교회 식구를 만나게 되면 큰 목소리로 씩씩하게 인사하는 언니는 겨울 햇볕처럼 따스하고 행복해 보였습니다.

건설 현장에서 허리를 다친 남편이 일을 할 수 없게 되면서 동네 사람들과 어울려 술 마시는 일로 하루를 보내고 있다는 이야기를 할 때 언니의 목소리는 평소보다 조금 높고 빨랐습니다. 식당 일을 마치고 퇴근하면서 언니는 약국에 들러 남편이 먹을 술 깨는 약을 꼭 챙겨 사 갔습니다. 가끔 언니의 안부가 궁금하여 그 식당에 점심을 시키곤 하였지요. 음식 쟁반을 받치는 모습이 이젠 많이 안정돼 보여 마음이 놓였습니다. 높고 낮은 중국식 발성 때문에 우리말을 익히는 데 어려움이 많아 보여 그런 발성과 발음을 교정해주곤 하였으나 오래 몸에 밴 발성을 바꾸기란 쉽지 않았습니다. 언니는 같이 일하는 사람들과 소통이 어려워 크고 작은 문제들을 겪어야 했으며 남편과의 관계 또한 편하지 않았습니다.

부부싸움을 심하게 해 얼굴과 온몸에 여기저기 멍이 들고 제대로 걷기조차 힘든 날에도 식당 일을 쉰 적이 없던 언니가 출근을 안 했다는 말을 듣고 걱정되어 그 집에 가 보았습니다. 낡은 양철 대문을 빼꼼히 열고 들어가니 손톱만 한 마루에는 술병들이 어지럽게 놓여 있고 쓰레기 더미가 가득하였습니다. 방문을 열고 들어가니 퀴퀴한 술 냄새가 방안 가득하였고 마치 전쟁터처럼 온갖 살림살이가 다 나와 있었습니다. 때에 전 이부자리가 놓인 방구석에 웅크린 채 누워 있는 언니가 보였습니다. 사람의 기척에 겨우 눈을 뜬 언니는 어찌 왔느냐며 스스로 몸을 세워 앉지도 못하였습니다.

"나 어제 신랑한테 많이 맞았어. 돈 안 준다고. 이거 봐. 내 가방 다 잘랐어."

가위로 마구 잘린 언니의 가방은 텅 비었고 방 한구석에 볼

펜, 휴지, 벼룩시장 따위가 던져져 있었습니다. 언니의 상처를 살펴보고 있는데 가까스로 몸을 일으킨 언니가 문갑 서랍을 꺼내 뒤집어 보였습니다. 거기에는 언니의 목숨과도 같은 귀한 통장과 도장이 있었습니다. 아저씨가 그것을 찾으려고 온 방 안을 다 뒤졌고, 말리는 언니를 때리고 살림을 집어던지고, 아무리 뒤져도 못 찾으니까 화가 나서 언니 지갑에 있던 몇천 원을 가지고 나갔다고 합니다. 언니는 오히려 저를 걱정하였습니다.

"약사 언니 어떡해? 약국 닫고 왔잖아."

"괜찮아요, 언니. 어서 병원부터 가요."

언니가 옷 입고 나오기를 기다려 함께 병원에 갔습니다. 언니의 몸은 이곳에서의 힘든 결혼생활을 그대로 다 보여주고 있었습니다. 언니에게 정말 많이 미안했습니다. 사정을 들으신 의사 선생님도 혀를 끌끌 차면서 안타까워했습니다. 언니를 그 집에 다시 들여보낼 수는 없었습니다. 일단 그 집에 들어가 약간의 짐을 챙겨 나온 뒤 근처 여인숙에 머무를 수 있게 하였습니다. 평소 안면이 있는 여인숙 주인에게 각별히 부탁하고, 언니가 가 있을 만한 곳을 여기저기 알아보니 아는 전도사님이 가정 폭력 피해 이주 여성을 위한 쉼터를 소개해주셨습니다.

쉼터로 거처를 옮긴 뒤 언니는 조금씩 안정을 찾았습니다. 마음을 나누기는커녕 폭력에 대한 두려움 속에 살아야 했던 언니는 그동안 한 번도 편히 잠을 잘 수 없었는데 쉼터에 머물면서 모처럼 푹 잠을 잤다고 하였습니다. 언니는 중국에 늙은 어머니와 병든 아들이 있으며 그래서 돈 벌러 우리나라로 오게 되었다는 이야기를 하면서 이제 자기는 어떻게 되는 건지 걱정을 하기 시작하였습니다. 알아 보니 다행히 거주 기간 조건을 충족해서 이혼해도 우리나라 국적을 얻을 수 있다고 합니다. 그사이 남편은 동네방네 언니를 찾아다녔지요. 당장 돈을 벌어 오던 언니가 없어지니 한 푼이 아쉬운 사람인데 쉽게 이혼을 해줄 리가 만무하였습니다. 여기저기 수소문을 해보니 이러한 어려움에 부닥친 이주 여성들이 실질적인 도움을 받고 어려운 문제를 풀어갈 수 있는 상담소나 전문가들이 있었습니다. 이곳저곳 다니면서 언니는 자신에게 도움이 되는 것들을 하나씩 배워갔으며 얼굴빛도 환해지고 맑아졌습니다.

겨울 속에 봄날이 있기도 하고 봄 속에 겨울이 있기도 한 자연의 모습은 우리네 삶과 아주 많이 닮았습니다. 이주 여성을 위한 쉼터에서 지친 몸과 마음을 추스르며 마냥 어린아이처럼 행복해하던 언니에게 겨울 동장군이 엄습하였습니다. 외국인 등록증 기한이 만료가 되어 연장해야 하는데, 누구도 언니를 보증해야 하는 일에 선뜻 나서지 않았습니다. 이혼소송 중인 남편이 도장을 찍어줄 리도 없었습니다. 우리나라 사람 중에서 언니의 신원을 보증하고 언니가 만약에 강제 출국을 당하게 되었을 때 비행기 표를 구해줄 수 있는 사람.

약국에 온 언니는 의자에 앉아 울음을 터뜨렸습니다. 거친 손과 기미가 잔뜩 낀 얼굴에는 겨울 들판의 황량한 바람이 지나고 있었습니다. 어쩌면 좋으냐고, 이제 나는 어떻게 해야 하느냐면서 울던 언니가 어렵사리 말을 떼었습니다. 제게 보증을 서 달라는 것이었습니다.

아주 솔직히 말씀드리면 듣는 순간 머리가 약간 멍해지고 가슴이 두근거리기 시작했습니다. 제게 이틀만 말미를 달라고 솔직히 언니에게 부탁했습니다. 무겁고 힘든 문제이기에 하나님께 아뢰어 기도할 시간이 필요했습니다. 하나님 아버지께는 솔직하게 말씀을 드렸습니다. 걱정이 되기도 하고 두렵기도 했으며 괜스레 겁이 나기도 하는 나약한 제 자신의 부끄러운 모습을 있는 그대로 아뢰었습니다. 아뢰고 기도하는 가운데 제 마음이 평안해지는 것을 느낄 수 있었습니다. 하나님 아버지께서 제게 주신 평안함이 저를 따스하게 감싸주었고, 불편하고 불안했던 마음 길을 봄날처럼 초록 길로 이끌어 주셨습니다.

이틀 뒤 언니를 만나 이런 제 마음을 이야기해주었고 언니는 저를 꼭 껴안았습니다. 눈물을 흘리면서 연신 고맙다는 말을 되풀이하는 언니에게 이는 내가 하는 것이 아니고 하나님 아버지께서 내게 주시는 힘으로 하고 있음을 이야기했습니다. 제 개인의 마음이었으면 결코 하지 못하였을 테니까요.

며칠 뒤 필요한 서류를 준비하여 언니와 함께 관공서를 다니기 시작했습니다. 저는 그때 우리나라에 정말 많은 외국 사람들이 살고 있음을 새삼 알게 되었습니다. 그곳에서 제가 스친 사람들은 말도 통하지 않는 남의 나라에서 험하고 거친 일을 하면서 번 돈을 고향으로 보내는 그 힘으로 사는 사람들일 것입니다. 제대로 난방이 되지 않아 추운 손을 비비면서 대기실에서 기다려야 했고 접수창구는 몇 개 되지 않아 기다리는 시간이 참으로 길었습니다. 제가 가슴이 아프고 미안했던 것은 누구도 이 열악한 상황에 대하여 지적하거나 불평하지 않는다는 것이었습니다. 서류를 받고 접수하는 창구 직원들은 너무나도 고압적인 자세라서 누구도 말을 건넬 수가 없었습니다. 반나절 이상을 기다려 서류를 접수했고, 언니는 서류를 접수한 뒤에도 여전히 불안해하는 듯 보였습니다. 그러더니 며칠 뒤에 등록증이 나왔다며 저에게 보여주었습니다. 언니는 밝고 환한 미소를 다시 찾았습니다. 정말로 감사한 일이었지요. 언니의 삶에 연초록빛 봄이 가득해졌습니다.

남편과의 이혼 소송도 귀한 여러 이웃의 도움을 받아 무사히 잘 정리되었습니다. 머물렀던 쉼터에서 나와 식당 일을 하기 시작한 언니는 전남편의 안부가 궁금하여 살던 집에 가보고 싶다는 이야기를 가끔 하였습니다. 이혼 후에 전남편이 늘 술에 취해 하릴없이 방황하는 모습을 자주 보았기에 언니의 발길을 말리고 싶었으나 어찌할 수는 없었습니다. 집에 다녀온 언니는 거의 폐인으로 사는 전남편을 보았고 쓰레기장 같은 집안을 말끔히 청소하였다면서, 아저씨가 불쌍하다고 말꼬리를 흐립니다. 그 사람 덕분에 우리나라에 올 수 있었고 중국에 있는 아픈 아들과 늙은 엄마한테 치료비도 보낼 수 있었는데 어떻게 미워할 수만 있겠냐고, 그래도 고마운 사람이라고 합니다. 처음부터 나쁜 사람은 아니었다는 언니의 이야기가 왜 그리 가슴에 와 닿았는지 잘 모르겠습니다.

강 언니는 경기도 인근 식당에서 열심히 일하면서 잘 지내고 있습니다. 가끔 제게 연락이 오는데 식당에서 자고 먹고 하면서 돈도 열심히 모아서 중국 집에 보낸다고 하였습니다. 식당 근처에 작은 예배당이 있어 매일 기도하러 간다는 이야기도 더불어 전합니다. 전화선을 타고 넘어오는 평안함에 저도 매우 기뻤습니다.

알리와 친구들

온 세상이 얼어버렸습니다. 얼마 전 강원도 나들이를 할 일이 있어 잠시 다녀왔는데 국도마다 구제역 차량 소독시설들과 삭막한 북풍에 몸을 맡긴 채 단속하는 사람들을 마주쳐야 했습니다. 뿌려진 소독약이 순간 얼어버려 운전에 방해가 된다고 불평인 사람들 이야기를 듣긴 했으나 실제로 그 상황을 겪어보니 정말 불편했습니다. 그러나 진짜 불편한 일은 그다음에 마주치게 된 풍경이었습니다. 아, 텅 비어 버린 축사들……. 불과 며칠 전만 해도 그곳엔 털에 윤기가 자르르 흐르는 튼실한 수소들이 노닐고 새끼를 배 보름달처럼 부푼 암소들의 배를 만지며 절로 미소 짓는 어르신들이 계셨을 것입니다. 할 수만 있다면 마음 깊이 우러나는 진심을 가지고 상하고 지친 마음을 따스하게 안아드리고 싶었습니다.

이곳, 미아리 성매매 집창촌에서 사람들과 마음을 주고받고 살아온 지 거의 십 년이 다 되어갑니다. 연어가 가진 귀소 본능이 제게도 있어 어려웠던 삼십 대를 보내다 고향인 이곳으로 들어와 팍팍한 일상을 살아내고 있었습니다. 그저 그런 일상 속에서 아무런 감동도 없이 기쁨도 없이 살아가던 중에, 한 선배 언니와의 짧은 통화가 제 삶을 바꾸어 놓았습니다.

언니는 외국인 노동자 상담소 일을 하고 있었습니다. 이주민 노동자들 중 고된 활동을 한 탓에 체력이 고갈된 사람들이 몇 명 있는데 보약을 좀 만들어줄 수 있느냐는 것이었지요. 그 사람들의 형편으로는 약값도 내지 못할 거라는 이야기를 머뭇거리며 덧붙이는 언니를 보며 저는 그 부탁을 선뜻 들어주기로 마음먹었습니다.

당시 제 형편도 많이 어려웠습니다. 가끔은 백척간두 위에 선 그런 심정으로 하루를 보내고 하루를 맞던, 제 삶에서 가장 어려웠던 시절이었습니다. 경제적 여유도 전혀 없던 때라 하루의 수입으로 하루를 살고, 끝이 없는 똥통에서 허우적거리는 그런 참담함으로 삶을 이어 붙이고 있었습니다.

독수리는 보통 칠팔십 년의 삶을 산다고 합니다. 삼십 년쯤 살고 나면 두꺼워지고 무뎌진 부리를 바위에 찧어 부러뜨리는데 시간이 지나면 날렵하고 단단한 새 부리가 생깁니다. 그리고 완전한 비행과 확실한 사냥을 위하여 새로 생긴 부리로 온몸의 털과 발톱을 모두 뽑아버립니다. 털과 부리가 모두 빠져버린 독수리는 얼마나 아플까. 얼마나 힘이 들고 외로울까. 제가 그 당시 그 독수리 같았습니다.

약을 돈도 받지 않고 지어주는 일을 무슨 배짱으로 하겠다고 한 것인지 모르겠습니다. 십 년이 지난 지금도 알 수 없는 일입니다. 처음엔 한두 사람인 줄 알았는데 처음 왔던 사람이 또 다른 사람을 데려왔습니다. 물론 데려오기 전에 저한테 전화합니

다. 자기랑 비슷하게 아픈 사람이 있다고. 저는 용감하게 데려오라고 이야기합니다. 그리하다 보니 열 사람 가까이 이르렀습니다. 음식과 기후가 맞지 않았기에 보약이 잘 들을 수 있을까 걱정도 되고, 비싼 약재만 버리는 건 아닌가, 쓸데없는 짓을 하는 게 아닌가 후회도 되었습니다.

그런데 한 달 두 달 시간이 지나면서 몸이 좋아진 사람들이 정말 고맙다며, 익숙하지 않은 우리말로 더듬더듬 인사를 해왔습니다. 갑자기 계산기를 두드리며 걱정을 하던 제 자신이 정말 부끄럽게 느껴졌습니다. 더운 나라에서 온 그들에게 한국의 겨울은 많이 추웠을 것입니다. 너무 추웠던 한국의 겨울이 이제는 춥지 않다고, 그래서 더욱 고맙다던 말이 두고두고 제 마음에 가득하였습니다.

한약을 지어주는 일로 거의 일 년 동안 그들과 만나게 되면서 많은 이야기를 나눌 수 있었습니다. 미얀마에서 아내가 보내준 맛있는 미얀마 과자를 쑥스럽게 내놓은 이도 있었습니다. 이주민 노동자들이 모여 밴드를 만들었다고 공연에 초청하기도 하였습니다. 한약을 먹을 때 술을 먹으면 안 된다, 기름진 음식과 밀가루 음식을 먹으면 안 된다 하는 금기 사항들을 그들은 참으로 지키기 어려워했습니다. 힘든 노동으로 지친 일과를 한 잔 술로 달래는데다, 방을 얻어 함께 생활하기 때문에 혼자 술을 안 먹기도 쉽지 않았을 것입니다. 게다가 주식으로 먹는 음식이 밀가루로 만든 음식이었으니까요. 한약을 찾으러 온 미얀마 친구들이 서로 제게 이르곤 했습니다.

"선생님 있잖아요, 알리가 어제 몰래 숨어서 혼자서 술을 먹었어요. 술 먹으면 한약 효과 없지요?"

"아니에요, 선생님. 저는 맥주 한 병밖에 안 먹었어요. 술이 너무너무 먹고 싶어서……."

맥주 한 병에 약의 효과가 떨어질까봐 심각하게 고민하는 착한 알리. 알리는 미얀마에서 철학을 전공하던 멋진 대학생이었습니다. 어려운 가정형편으로 고생하던 알리는 주변 친구들이 너도나도 한국에 가서 큰돈 번다는 이야기를 듣고 한국행을 결심하였습니다. 한동네에 같이 살던 친구나 함께 대학을 다녔던 친구들을 한국에서 만날 수 있었는데 그들은 더 이상 미얀마에서 함께 만나 놀던 그때 그 친구들이 아니었습니다. 손가락이 잘린 친구가 두 명이나 있었고, 다들 지치고 불행해 보였습니다. 순간 알리는 한국에 온 것을 후회했습니다. 그러나 한국에 오기 위해 써버린 돈을 갚기 위해 일을 하기 시작했다고 합니다. 알리는 원단 염색, 고무 피혁 만지기 등 일이 너무 험하고 위험해서 사람들이 기피하는 그런 공장들만 다니면서 월급을 꼬박꼬박 모아 집으로 보냈습니다. 이제는 빚도 다 갚았고 고향에 땅도 사고, 집도 샀다고 자랑스럽게 이야기하였습니다.

알리와 알리 친구들은 저에게 고맙다고 하였지만 정작 더 많이 고마운 사람은 저였습니다. 미얀마에서 온 천사 같은 친구들이 저에게 주었던 희망이라는 작은 씨앗을 저도 다른 이들에게 나누어 주어야겠다고 마음먹었습니다. 가진 것이 없어도 나눌 것이 제게 있었다는 사실이 참으로 저를 행복하게 하였습니다. 그리고 이렇게 저를 이끌어주고 계시는 하나님 아버지께서 계심이 얼마나 감사한 일인지요. 그때부터 하나님 아버지의 '빽'을 믿고 씩씩하게 나아가고 있습니다.

더운 나라에서 온 그들에게
한국의 겨울은 많이 추웠을 것입니다.
너무 추웠던 한국의 겨울이 이제는 춥지 않다고,
그래서 더욱 고맙다던 말이
두고두고 제 마음에 가득하였습니다.

예쁜이 권사님의 열심

생전 처음 길바닥에 누워서 하늘을 보았습니다. 한 해의 마지막 날 약국 일을 마무리하고 늦은 저녁 먹으러 밥집을 향해 가다가 순간 엉덩방아를 찧고 말았습니다. 갑자기 눈앞에 하늘과 별이 짠하고 빙글빙글 돌면서 나타났고 아무 생각 없이 얼음판에 누워 하늘바라기를 하였지요. 정신 차리고 일어나 같이 간 친구의 부축을 받아 집으로 걸음을 옮기면서 피식 혼자 웃었습니다. 어지러웠고 몸의 균형을 잡을 수 없어 몸이 편치는 않았으나, 잠깐이나마 거리에 눕는 새로운 경험을 했다는 사실이 저를 웃게 하였습니다. 잠시 잠을 청해 여기저기 뭉치고 놀란 몸을 편히 쉬게 하였지요. 열한 시 반이 다 될 때쯤 송구영신 예배를 드리기 위해 교회로 발길을 옮겼습니다.

한밤중 빤질거리는 빙판길 위로 한 발 한 발 조심스레 발을 떼다 보니 제 삶에서 지난 일 년이 그림처럼 스쳐 지나갔습니다. 즐겁고 신 났던 기억들도 있었지만, 그보다는 팍팍하고 넘기기 어려웠던 삶의 흔적들이 떠올라 목울대에 걸려 뻐근해졌습니다. 저희를 끊임없이 훈련하고 계신 하나님 아버지의 넓고 깊은 뜻을 헤아릴 수 없지만 쓰시고자 하는 바가 있어서 그리 하시는 것이리라 믿고 있으면서도 가슴이 먹먹해지고 눈물이 가득해짐은 어쩔 수가 없었습니다.

많은 생각이 오가는 가운데 교회에 도착하여 반가운 얼굴들과 인사를 나누고 본당으로 올라갔습니다. 한 해를 보내고 새로운 해를 맞이하는 분주함이 느껴지는 본당에는 삼삼오오 짝을 지어 서로의 정을 나누는 교회 성도들의 따스함이 가득했습니다. 늘 보는 식구들 사이로 낯선 얼굴들도 간혹 섞여 있었지요. 예쁜 권사님이 오셨으려나 하고 열심히 찾아보았으나 모습은 보이지 않았습니다. 얼마 전부터 약국에서도 뵐 수가 없는데……. 주방 일을 그만두신 것인지 어디가 아프신지…….

조금은 특이한 분이었습니다. 미아리 집창촌으로 밤에 주방일을 하러 나오시면서 항상 빨간색의 입술연지를 바르고 머리는 살짝 기름을 발라 가지런히 넘기셨으며 옷매무새도 늘 고왔습니다. 약국에서 피로회복제 음료를 찾으시는데 처음에는 이웃동네 분인 줄 알았지요. 더군다나 교회 권사님이라고 기뻐 말씀하셔서 동네 분인 줄 알았습니다. 늦은 밤 약 심부름하러 오신 모습을 보면서 주방 이모로 일하시는 걸 알았습니다. 지하철을 한 시간 남짓 타고 오신 그분의 하루는 피로회복제로 시작되었지요. 일흔이 다 된 연세에 힘에 부치는 밤일을 하시는 모습은 보는 내내 마음이 편하지 않았습니다.

"약사 이모, 요즘 애들이 좋아하는 옷 브랜드가 뭐예요?"

물어보는 그분 얼굴에서 고단함을 읽을 수 있었습니다. 손자 녀석에게 줄 겨울 코트를 고민하시는 것 같았습니다.

"아이들 옷은 비싼 거 살 필요 없어요. 자꾸 자라기 때문에 싸고 튼튼한 옷을 사면 돼요."

제 이야기를 듣더니 환하게 웃으셨습니다. 그 웃음을 본 며칠 뒤 그해 송구영신 예배 시간에 열심히 손뼉 치며 찬양하는 그분을 만나게 되었습니다. 아직 일하는 시간일 텐데 아마 잠시 틈을 내어 나오셨나 봅니다. 예배 순서를 모두 마치고 목사님의 축복 안수를 받기 위해 기다리는 동안 교회 의자에서 반갑게 이야기 나누었습니다. 해마다 송구영신 예배를 못 드려서 마음이 불편하였는데 왜 가까이에 교회를 두고 이 생각을 못했는지 모르겠다고 하시면서 평안한 표정을 보이셨습니다. 그렇게 믿음 안에서 교제를 나누기 시작하였습니다.

약 심부름을 하러 약국에 오시면 필요한 약을 말씀하시고 약국 구석으로 가셔서 몸을 가지런히 하신 뒤 조용히 기도하셨습니다. 입술을 조금씩 움직이면서 기도하시는 권사님의 모습은 참 평화로웠습니다. 집 가까이에도 갈 수 있는 식당은 있었지만 벌이가 이곳만큼 좋지 않았고, 게다가 거기에는 얼굴을 아는 사람이 많아서 다니기 불편하다고 하셨습니다. 그래서 조금 멀지만 이곳을 다닌다는 말씀을 하시기까지 꽤 오랜 시간이 걸렸습니다.

공직 생활을 하셨던 바깥 어르신 덕에 오십 세 전까지 세상 어려움을 모르고 살았다는 고운 권사님. 사업하던 큰아들 가정이 풍비박산 난 뒤 남겨진 어린 손자와 늙고 병든 남편을 책임져야 했다는 이야기도 한참 뒤에 들을 수 있었습니다. 부쩍 얼굴이 몹시 상해 어디가 불편하시냐고 물어보는 제게 힘들게 털어놓은 그분의 신산한 삶……. 집 나간 아들은 수년째 연락이 없다고 걱정이 많으셨습니다.

한 달 두 달 시간이 지나고 일 년 이 년 시간이 갈수록 권사님의 허리는 굽어지셨습니다. 손가락 마디는 휘어져갔고, 걸음걸이는 느려졌습니다. 체력이 떨어지신 권사님은 바이러스 감염으로 입술 포진을 일 년 내내 달고 사셨습니다. 기관지 기능도 약해져서 수시로 감기에 걸려 병원에 다니고 처방전으로 약을 지어 드셨습니다. 일하기 위하여 어쩔 수 없이 빈속에 독한 약을 먹어 위경련이 일어나기도 하였습니다. 그렇게 하루하루 이어가시는 그분의 고단한 삶. 너무도 버거워 보이기만 하는 그 십자가를 과연 그분이 지고 가실 수 있는지, 그분의 능력 안에 있다고 하나님 아버지께서는 생각하고 계신 것인지, 하나님 아버지께 정말 여쭈어보고 싶었습니다.

여자는 단정하고 다소곳해야 한다면서 늘 당신이 가진 옷 중에 가장 좋은 옷을 입고 일을 하러 나온다고 하셨습니다. 까칠해져가는 얼굴이지만 늘 곱게 화장을 하시고 빨간 입술연지를 바르고 당신이 꾸밀 수 있는 가장 최선의 모습을 만들어 일하러 나온다고 하셨습니다. 당신에게는 이곳 미아리 집창촌이 가장 최고의 일터니까, 당신 또한 가장 최고가 되기 위해 노력해야 한다고 하셨습니다. 하나님의 열심을 아는 사람은 자신의 열심 가운데 하나님 아버지의 크신 뜻을 알 수 있을 것이라는 목사님의 설교 말씀이 권사님의 삶 속에 얼마나 힘이 있게 살아 있는지 알게 되었습니다. 그토록 열심을 내면서 사는 권사님의 삶을 보면서 그러지 못하고 있는 저로서는 많이 부끄러웠고 죄송스러웠습니다. 스스로의 힘으로 오롯이 버티고 계신 권사님의 고단한 삶이 조금만 편해졌으면 하는 것이 저의 세속적인 욕심인지는 모르겠지만…….

이제 새해가 되었고 이 겨울이 끝나면 권사님의 건강은 지금보다 더 안 좋아지실지 모르겠습니다. 고운 원피스를 차려입고 화장을 하고 머리 손질을 하고 뾰족구두를 챙겨 신으시고 한 시간 동안 지하철을 타면서 오늘도 만나게 될 많은 인연을 위하여 축복기도를 하시는 권사님. 집에 외로이 남겨진 손자 아이와 남편이 밤새 평안하길, 아침에 퇴근할 때까지 무탈하길 기도하면서 미아리 집창촌에 도착하여 저희 약국에 들러 축복 기도를 하시고, "좋은 날 이루소서." 하는 덕담을 주고받는 권사님을 보고 싶습니다. 무화과나무에 열매가 없어도, 포도나무에

2부.

포도가 열리지 않을지라도 하나님에 대한 찬양을 멈추지 않았던 하박국 선지자의 모습이 권사님과 함께 그려졌습니다. 몹시 추운 겨울이라서 무릎 관절염과 허리 통증이 많이 심하실 텐데 어찌 지내시는지 정말 걱정입니다. 집을 나간 큰 아드님은 이제 돌아오셨는지요. 아빠가 보고 싶어 보채던 손자도 이제 많이 커서 아마 중학생이 되었겠네요. 영감님의 병세는 좀 나아지셨는지요? 오늘도 권사님은 깔끔한 옷에 고운 화장을 하고 어딘가에서 부지런히 일하고 계실 것입니다. 권사님이 품으신 환난의 열매가 얼마나 튼실하게 영글었는지, 하나님 아버지의 크고 한없는 사랑에 대해 오늘도 열심히 사람들에게 이야기하고 계실 것입니다. 마치 하박국 선지자처럼…….

시간이 갈수록 권사님의 허리는 굽어지셨습니다.
그렇게 하루하루 이어가시는 그분의 고단한 삶.
너무도 버거워 보이기만 하는 그 십자가를
과연 그분이 지고 가실 수 있는지,
그분의 능력 안에 있다고 하나님 아버지께서는 생각하고 계신 것인지,
하나님 아버지께 정말 여쭈어보고 싶었습니다.

# 양철지붕 아래 아이들

따스한 햇살로 두꺼운 겨울옷을 벗게 하는 봄의 전령이 집 안마당까지 들어와 있네요. 다들 봄맞이를 어떻게 하고 계신 지요. 저는 무거운 겨울옷을 잘 갈무리하여 옷장 깊숙한 곳에 넣고, 다홍색과 분홍색이 화사한 봄여름 옷을 꺼내 겨우내 켜 켜이 앉은 먼지를 털어내고 바람과 햇볕 속에 내어 서로 어울 리게 하였답니다. 꿉꿉했던 제 기분까지 보송보송 말라가는 기 분이었지요.

 작은 베란다에 올망졸망 모여 있는 화분들도 산뜻하게 정리 하였습니다. 묵은 때가 가득한 화분을 말끔히 닦고, 화분 흙도 북돋아주고 이끼도 더 덮어주고 하여 봄 단장을 예쁘게 시켜주 었습니다. 나무와 꽃들이 생글생글 웃어주니 바라보는 저도 덩 달아 기분이 좋아졌습니다. 내 눈이 닿은 곳을 정결하게 꾸미 고 곱게 가꾸고 싶은 마음은 사람이라면 누구나 갖는 마음이 겠지요.

 준영이네 집 작은 마당도 그렇게 작은 화분들로 가득 차 있습 니다. 비록 앞집 축대와 연결해서 만든, 채 한 평이 안 되는 시 멘트 마당이지만 그 작은 모퉁이 공간에도 하나님 아버지께서 주시는 봄의 햇살은 가득했습니다. 준영이 엄마가 퇴근길에 하 나씩 사서 모은 작은 화분이 오십여 개 남짓하였습니다.

 "언니, 이 아이들 참 예쁘지요? 하나에 천 원이에요. 정말 싸지요."

 천 원짜리 작은 화분을 사 들고 지하철을 타고, 마을버스를 타고 걸어서 후암동 산꼭대기에 오르는 내내 행복해했을 준영이 엄마의 얼굴이 눈에 선하였습니다. 바람이 훅 불면 날아갈 것 같은 얇은 플라스틱 화분에 자신을 걸고 버텨내는 초록 아이들도 준영이 엄마를 닮아 참으로 당당해 보였습니다.

 비탈길에 자리한 열 평 남짓한 양철지붕 아래에는 초록 아이들처럼 서로 기대어 사는 준영이와 재형이, 경호가 있습니다. 일간지에 아이들의 이야기를 소개한 저의 글을 보고 정말 많은 분들이 기도와 사랑을 보내주셨습니다. 아이들을 생각하니 가슴이 메어진다면서 전화선 너머로 울먹이시던 어느 노 장로님의 목소리에서 하나님 아버지께서 주시는 감동을 느꼈습니다. 액수가 적어 부끄럽다면서 쑥스러워하시는 노 권사님의 음성을 통해 하나님 아버지께서 주시는 사랑을 느낄 수 있었습니다. 정말 고맙습니다. 보내주신 사랑과 기도를 아이들을 만나 아이들에게 잘 전해주었습니다.

 처음에는 쑥스러워 고개를 들지 못하던 경호의 얼굴에 미소가 어리기까지는 조금 시간이 걸렸습니다. 자신을 버리다시피 한 어머니와 아버지에 대한 이야기를 하면서 굳어지는 경호의 얼굴을 보고 있자니 그 아이에게 많이 미안했습니다. 한때 가족 모두가 교회를 열심히 다녔다는 경호의 이야기는 참으로 아팠습니다. 그래서 자기는 하나님을 믿지 않는다고 이야기하는 그 여린 아이는 설움에 어깨가 들썩였고 바라보는 준영이 엄마와 저는 눈을 붉힐 수밖에 없었습니다. 그렇게 하나님을 믿지 않는 자기가 어떻게 얼굴도 모르는 분들에게 도움을 받을 수 있느냐고, 그럴 자격이 되는지 모르겠다고 이야기하는 경호를 따스하게 안아주었습니다. 끼니를 제대로 잇지 못하는 경호는 뼈가 앙상할 정도로 말라 있었습니다.

"경호야, 우리에게 자격은 의미가 없어. 어느 누가 감히 하나님 아버지의 자녀가 되는 자격을 가지고 있겠니? 우리는 모두 부족한 사람이야. 여기 있는 이 이모도 많이 부족한 사람이지. 우리는 다만 우리의 부족함을 알고 무릎 꿇고 복종하고 자신의 열심을 다하면 되는 거야. 그래야 우리에게 열심을 다 하시는 하나님 아버지의 열심을 우리가 조금이라고 따라가게 되는 거지. 경호야, 아무리 죄를 많이 지었어도 하나님 아버지께서는 결코 당신이 먼저 포기하시는 일은 없어. 끝까지 우리 편이시거든."

지금 당장은 힘들겠지만 자신의 부모님을 너무 미워하지 말라고 경호와 재형이에게 간곡하게 부탁하였습니다. 아이들이 이해할 수 없는 어른들만의 고민이 있을 수 있고, 그럴 수밖에

없었던 부모님의 사연이 있을 테니, 지금 부모님을 미워하게 되고 그래서 부모님으로부터 너무 멀리 가버리면 다시 돌아오는 길에 너희가 많이 지치고 힘들어진다고, 그러니 너무 멀리 가지 말라고 간곡하게 부탁하였습니다.

맛있는 통닭과 시원한 음료수를 먹으면서 아이들과 수다를 떨었습니다. 학교 선생님 흉도 보고, 옆 반 누가 누구랑 연애한다더라 이야기도 하고, 연예인 이야기도 하고, 십 대 아이들이 그리하듯 그렇게 장난치며 이야기를 오래 나누었습니다. 배우 누구의 머리 스타일이 자기랑 비슷하지 않냐고 준영이가 이야기하는 바람에 모두가 배꼽을 잡고 웃기도 했습니다. 그 배우가 자기 스타일을 따라 한 거라고 준영이가 씩씩거렸기 때문이지요. 준영이, 경호, 재형이도 그저 평범한 아이들입니다. 친구들과 햄버거 먹는 일도 좋아하고, 노래방에 가서 고래고래 악을 쓰면서 하드록 노래를 부르거나, 온몸을 들썩이며 힙합 노래를 하면서 춤을 추는 일을 좋아하는 아이들입니다. 노스페이스 점퍼를 너무 입고 싶어 하는 그런 아이들입니다. 통닭을 먹으면서 얼굴 한가득 밝게 웃는 경호의 웃음이 오래갔으면 좋겠습니다.

수십 년 전 제가 그 아이들 나이만 했을 때 아니 그보다 조금 더 어렸을 때 집 앞 개울가에서 뛰어놀며 햇빛과 물빛을 받아 초롱거리던 예쁜 소녀의 모습을 그 아이들에게서 찾을 수 있었습니다. 아직 완성되지 않은, 그리하여 있는 그대로의 것을 가지고 있어 환하게 빛나는 햇살 같은 아이들입니다. 십 대의 밝음이 환한 아이들입니다.

하나님 아버지께서 이 아이들과의 인연 길을 어떤 이유로 열게 하셨는지 알 것 같았습니다. 하나님 아버지께서는 아이들을 참으로 사랑하고 계셨던 것이지요. 경호는 불규칙한 식사와 스트레스로 체력이 많이 떨어져 있습니다. 오래된 기침으로 힘들어하는 경호를 병원치료도 받게 하고 늘 아침을 거르고 다니는 그 아이에게 아침을 먹게 하고자 합니다. 누군가가 자신을 바라봐주고, 사랑해주고, 챙겨주고 있음을 알게 되는 일은 재형이나 경호나 준영이에게 가장 큰 힘이 되고 있습니다. 아이들이 모처럼 찾은 행복과 평안을 잘 지켜주고 싶습니다.

아직 완성되지 않은,
그리하여 있는 그대로의 것을 가지고 있어
환하게 빛나는 햇살같은 아이들입니다.
십 대의 밝음이 환한 아이들입니다.

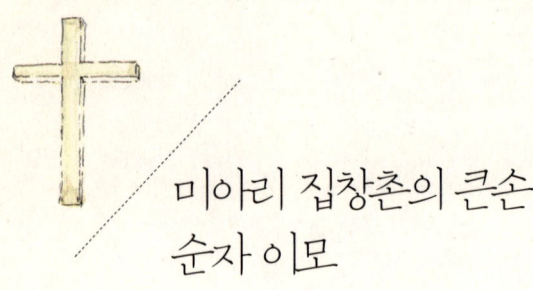

미아리 집창촌의 큰손,
순자 이모

여기저기 봄입니다. 새 교복을 입고 머쓱거리며 학교에 가는 학생들의 모습이 봄이고, 고등학교를 마치고 살짝 한 발자국 내민 사회생활이 아직은 고되기만 한 새내기 직장인들의 발걸음도 봄입니다. 세상이 온통 봄의 환한 기운을 따라 설렘으로 살랑거리는 듯합니다.

 약국 바깥에 조그만 빈터가 하나 있습니다. 해마다 화분을 사서 놓았더니 봄철에는 파릇한 잎을 자랑하고 여름이면 화사한 꽃을 맺어 약국 앞을 지나가는 사람들에게 즐거움을 선물했습니다. 그러다 지난 늦가을 무렵 아버지 병원 나들이에 신경 쓰느라 돌보지 않았더니 갑자기 닥친 추위에 모두 얼어버렸습니다. 풀과 나무들에 많이 미안했습니다. 처량한 모양새로 겨울을 보낸 빈 화분들에 미안하다고 인사하고 봄맞이를 위하여 화분을 모두 정리하였습니다.

 길고 커다란 플라스틱 화분을 산 뒤 조그만 텃밭 농사를 지으시는 분께 흙을 얻어 포슬포슬하게 흙갈이를 하였습니다. 튼실하게 만들어진 화분에 상추씨를 뿌렸습니다. 동네 꽃집에서 산 상추씨는 손톱 자른 찌꺼기 같은 모양이었지요. 생전 처음 본 상추 씨앗은 신기했습니다. 아기 손바닥을 닮은 빨간 상추가 토종이라 고소하고 맛있다는 꽃집 민 집사의 적극 추천으로 한 종류의 씨만 사서 뿌렸습니다.

일주일쯤 지났는데 화분에는 별다른 기별이 없네요. 싹을 틔우는 일이 그리 쉬운 일이 아님을 알면서도 미련스럽게 아침저녁으로 화분을 들여다보며 객쩍게 말을 붙입니다. 작고 여린 몸으로 무거운 흙을 뚫고 나와야 하는 상추 씨앗들에게 힘내라고 영치기 영차를 외치곤 하지요. 힘을 내라고 상추씨에 이야기하면서 더불어 제 몸속에서 살며시 솟아나는 힘의 물줄기를 보곤 합니다. 누군가 나를 응원해준다면 짓누르는 삶의 무게가 조금은 가벼워질 수 있지 않을까 하는 마음으로 시작한 일들이 도리어 제게 힘을 주고 있음을 봅니다.

 이곳 미아리 집창촌에는 사채 일을 하는 일수 이모들이 많이 있습니다. 신용 불량으로 정상적인 금융거래가 힘든 사람들에게 일수로 돈을 빌려주기도 하고 또 일일계라 하여 매일 돈을 붓고 각기 정한 때가 되면 목돈을 타기도 합니다. 돈을 갚다가 도망가는 사람들도 많아서 떼먹힌 돈의 액수가 클 때는 일수 이모가 휘청거리거나 망하는 일도 가끔 보게 됩니다.

 순자 이모는 그런 일수 이모 중에 가장 돈줄이 든든하다고 소문난 미아리 집창촌의 큰 전주입니다. 이곳에 정착한 지도 삼십 년이 넘었고 이모의 나이도 올해 칠십 줄에 접어들고 있으니 인생의 반 이상을 미아리 집창촌에서 보낸 셈이지요. 목소리가 어찌나 괄괄하고 큰지 안쪽 구석 골목에서 싸움이 벌어져도 이모가 끼어 있으면 제 약국까지 다 들립니다. 게다가 욕을 또 얼마나 잘하는지 차마 듣고 있기가 민망스러울 때가 종종 있었답니다.

수십 년 동안 사람 속에서 시달리면서 살아온 순자 이모는 사람을 믿지 않는다고 하였습니다. 얼마나 많은 사람의 거짓말에 시달리고 속았는지 가끔 순자 이모는 술에 취한 날이면 술 깨는 약을 사러 와서 한참 넋두리를 하곤 하였습니다. 그런 순자 이모를 볼 때면 늘 가슴이 아렸으나 하나님 아버지 이야기를 오래 할 수는 없었습니다. 순자 이모에게 사기 친 사람이 열심히 교회를 다니던 사람이었다는 이야기를 순자 이모가 씩씩거리면서 할 때 그저 죄인의 심정으로 그 이야기를 받을 수밖에 없었습니다.

세상에나, 그런 순자 이모가 교회를 다니다니. 참으로 놀라운 일이었습니다. 어느 날 순자 이모가 아파트 현관 앞 계단에서 전화로 채무자랑 말을 높이면서 큰 싸움을 한 적이 있다고 합니다. 그렇게 한참을 싸우다가 가만히 지켜 보는 옆집 아주머니와 눈이 마주쳤는데 어찌나 선한 눈이었던지 더는 상소리를 섞은 통화를 할 수가 없어서 전화를 끄고 집에 들어왔다고 합니다. 그 따스하고 맑은 눈빛이 마치 바람처럼 자신의 뒷머리를 감싸 도는 그런 느낌이었다는 이야기를 순자 이모에게서 들었습니다.

  그로부터 며칠 뒤 딩동 아파트 벨 소리에 나가 보니 옆집 아주머니였습니다. 옆집 아주머니는 마실 올 때마다 항상 집에서 만든 맛깔스러운 반찬을 건네주었습니다. 평생 돈놀이만 하고 산 순자 이모는 살림 솜씨가 젬병이어서 그 맛있는 반찬에 무장해제 될 수밖에 없었지요.

  순자 이모는 아무 거리낌 없이 덥석 손을 잡는 아주머니가 처음에는 서먹하였지만 그 손길이 참으로 따스했다고 하였습니다.

  "세상에 이런 사람도 있구나. 이렇게 손이 따스하고 눈빛이 고운 사람도 있구나."

  그렇게 한동안 오가며 정을 쌓았던 그분이 하루는 평화로운 삶을 꿈꾸지 않냐면서 함께 손을 잡고 가보자고 하여 엉겁결에 교회 가는 길을 따라나섰다고 하였습니다. 순자 이모의 교회생활이 행복으로 가득 찼던 것만은 아니었습니다. 순자 이모의 거친 말투에 수군거리는 교회 사람들도 있었고, 아직 술과 담배를 끊지 못한 순자 이모에게서 나는 냄새에 코를 킁킁거리는 교회 사람들도 있었다고 합니다. 그렇지만 환한 미소로 밝게 웃으면서 설교하시는 목사님은 참 좋았다고, 헌금 봉투도 자유롭게 내니 참 좋았다고 하였습니다. 사실 순자 이모는 헌

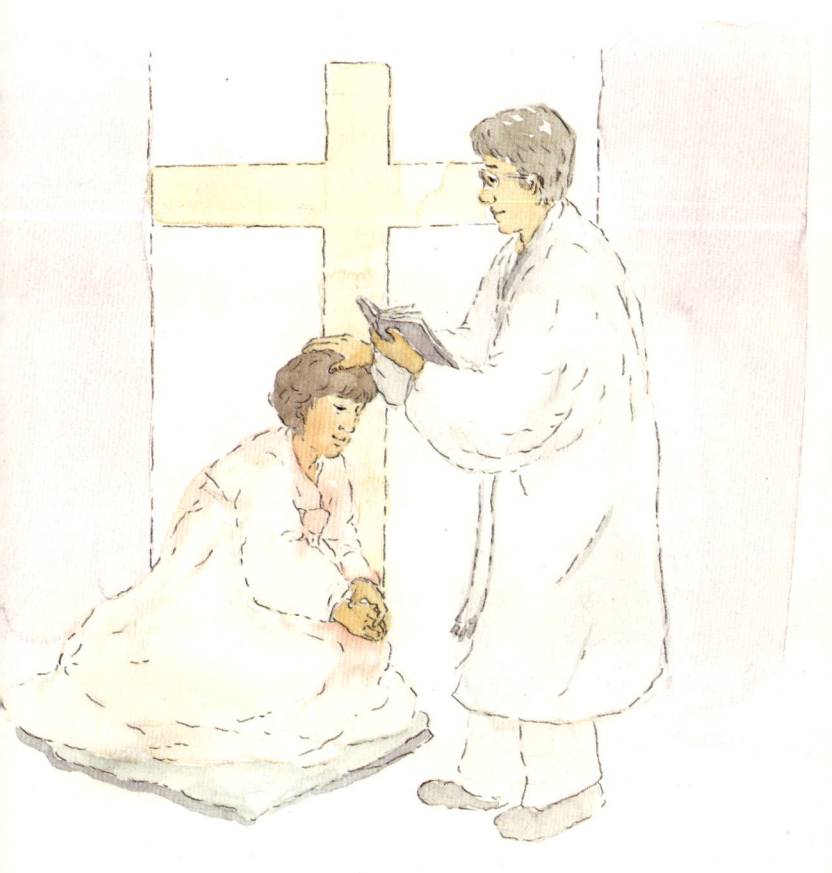

미아리 서신

금 내는 게 무서워서 교회 가는 게 겁이 났었다고 합니다. 교회에 가면 돈 봉투를 코앞에 대어 가진 돈을 홀라당 털어버릴 줄 알았다는 순자 이모의 이야기에 배꼽을 잡고 웃은 적이 있었습니다. 그렇게 우왕좌왕하면서 순자 이모는 새가족반에 들어가 교육을 받기 시작하였습니다. 이모가 몸살 기운이 있다는 핑계로 교회를 빠질라치면 쌍화탕과 약 봉투를 챙겨 든 그분의 정성 때문에 자리 털고 일어나 교회로 향했습니다. 한 뼘 한 뼘 순자 이모의 신앙은 커졌고 몇 달 뒤 드디어 순자 이모가 세례를 받게 되었습니다. 세례 받는다는 소식을 전하러 약국에 들른 순자 이모의 얼굴에는 한편은 쑥스러움이, 한편은 자랑스러움이 가득하였습니다.

   순자 이모와 또 이모를 전도했다는 그분을 위해 예쁜 꽃다발을 준비하여 순자 이모가 다니는 교회에 가서 예배를 드렸습니다. 꽃분홍색의 고운 한복을 챙겨 입고 얌전히 앉아 있는 순자 이모는 참한 여인이었습니다. 예배가 거의 끝날 때쯤 세례 시간이 되어 한 사람씩 나와 무릎을 꿇고 세례를 받았습니다. 학생들도 있었으나 거개가 어른들이었고 늦은 나이에 만난 하나님 아버지로 가슴 가득하였습니다. 여기저기서 훌쩍거리는 소리가 들렸습니다. 이모의 이름이 불리고 목사님의 두 손이 어깨에 내려지자 순자 이모의 울음소리는 더 커졌습니다. 꽃다발을 드리기 위해 교회 강대상 앞으로 나가 순자 이모를 꼭 안아 주었습니다.

"이모, 고마워요. 하나님 아버지의 귀한 딸로 다시 태어나 줘서."

저를 안고 있는 순자 이모의 떨림과 눈물 때문에 얼마나 울었는지 모르겠습니다. 평생 돈 냄새와 거친 말로 삶을 가득 채운 순자 이모에게 이제야 허락된 하나님 아버지의 귀한 딸의 자리, 그 길이 환하게 빛나고 가득 차길 간절히 원합니다.

방 열 개 있는
집을 달라고
떼쓰는 중입니다

제가 사는 하월곡동 작은 골목길은 다가구 주택들이 올망졸망 모여 있고 각각의 일터를 찾아 움직이는 사람들이 많은 곳입니다. 해마다 봄이면 유난히 사람의 움직임이 많아 이사를 오고 가는 사람들과 큼지막한 짐차들이 골목을 가득 채우는 날이 많습니다. 이런저런 사정으로 살던 집을 떠나 새로운 집으로 가는 일은 힘이 들기도 하지만 새로운 집과 이웃을 만나게 되는 설렘을 갖게 되니 조금은 즐거운 일이기도 합니다.

누워서 양팔을 벌리면 벽과 문에 팔이 닿는 아주 작은 방에서 살고 계시는 김 집사님의 소원은 몸을 한 바퀴 굴렸을 때 벽이 닿지 않는 방에서 사는 것이라 하십니다. 싱크대 두 칸짜리 주방에서 편하게 당신이 좋아하는 된장찌개와 고등어조림을 지져 먹을 수 있으면 좋겠다고 하십니다. 슬하에 자녀가 없고 나라에서 주는 연금으로 생활하시는 터라 기초수급권자에게 분양되는 임대아파트에 몇 번씩이나 응모를 하였으나 아파트 한 채에 수백 명이 몰리다 보니 김 집사님 몫은 아직 없습니다.

여름 장마철이면 밤잠을 설치는 수영이 엄마는 남매와 함께 수년째 반지하 방에서 살고 있습니다. 그나마도 나라에서 어려운 사람들에게 보조해주는 전세자금으로 얻은 두 칸짜리 방입니다. 단돈 9만 원을 들고 상경한 수영이 엄마는 남매가 초등학교도 가기 전에 홀로 된 뒤 이를 악물고 살아왔다고 합니다.

그동안 먹고살기도 버거워 전셋집 마련을 위한 돈을 모으는 일은 꿈조차 꿀 수 없었습니다. 나라의 도움을 받아 어렵게 집을 구했지만 겨울에 이사해서 그렇게 곰팡이가 많이 피어 있는 줄 몰랐다고 합니다. 습기가 가득한 방에서 퀴퀴한 냄새가 나고 비가 조금만 와도 하수가 역류하여 집 안이 수시로 물바다로 변하곤 하였습니다. 화장실이 방보다 높이 있는 구조이니 늘 화장실 오수 냄새가 집안에 가득합니다. 앞으로 다가올 장마철이 정말 걱정입니다.

이제 곧 학교를 마치고 사회에 나가야 할 경호와 재형이가 하루의 고된 노동을 마치고 돌아와 쉴 수 있는 집이 하나 있으면 좋겠습니다. 없는 솜씨나마 발휘하여 밥을 짓고 라면도 끓여 먹을 수 있는 작은 싱크대라도, 작은 거실이라도, 힘든 노동으로 지친 다리를 쭉 뻗고 편히 잘 수 있는 작은 방이라도 있으면 좋겠습니다.

하나님 아버지께 방 열 개가 있는 집을 하나 달라고 떼를 쓰고 있습니다. 튼튼한 싱크대를 달고 따스한 물이 잘 나오는 작은 방 하나는 김 집사님께 드리고 싶습니다. 수영이네는 방이 두 개는 있어야 할 것 같습니다. 아들아이에게 방 하나를 주고 수영이와 수영이 엄마는 한방을 쓰면 되니까요. 경호는 몸이 찬 편이니까 무엇보다 난방이 잘 되어야 할 것 같습니다. 몸집

이 큰 재형이는 형과 함께 살아야 하니까 큰 방 하나면 충분할 것입니다. 준영이네는 준영이 외삼촌이 퇴원하면 함께 살아야 하니까 방이 세 개는 되어야 합니다. 준영이와 준영이 형이 한 방을 쓰고, 따로 살고 계시는 준영이 외할머니와 준영이 엄마가 한방을 쓰고, 조울증을 앓고 있는 준영이 외삼촌이 혼자 방을 써야 하니까요.

그리고 제 아버지도 방을 하나 드려야 할 것 같습니다. 결혼 후 오십 년 동안 한 번도 아내와 헤어져 살아본 적이 없는 아버지는 지난겨울 어머니를 떠나보낸 후 이제야 그 빈자리가 크게 느껴지시는 것 같습니다. 여든의 연세이시긴 하나 아직은 웬만한 집수리쯤은 너끈히 감당하실 수 있으니 그 집을 수선하고 관리하는 귀한 직분을 하나님 아버지께서 제 아버지에게 주시면 좋겠습니다.

이렇게 필요하고 구하는 사람들이 가득한, 방이 열 개나 있는 하나님 아버지의 아름다운 집을 상상하는 것만으로도 가슴이 가득 찹니다. 소망을 품고, 그 소망을 위하여 기도하고, 그 소망을 그리고, 그 소망을 입으로 외치면서 이루어질 수 있음을 선포하고, 소망과 함께 더불어 가는 길은 참으로 행복합니다. 세상 모든 것을 만드셨고 다스리시는 섭리 가운데 계신 하나님 아버지와 함께 가는 가장 귀한 길임을 고백합니다.

아이들이
만나게 될 세상

미아리 집창촌 사람들과 수다를 떨고, 맛있는 먹거리를 주고받고, 때로는 눈물도 주고받으면서 꾸리고 있는 약국 생활은 제게 크나큰 활력을 안겨줍니다. 늘 설레는 마음으로 하루를 맞이하며 약국으로 향하는 제 발걸음은 참 가볍습니다. 오늘은 제게 무슨 사랑을 보여주실까 하고 궁금해집니다. 이 모든 것을 제게 주신 하나님 아버지께 항상 감사하는 마음으로 살고 있습니다. 혼자 지내는 아버님을 챙기는 일 또한 즐거움으로 섬기고 있는 제 작은 사역이지요. 어찌 보면 하나님 아버지의 사역이라는 일이 크게 드러나 보이는 그런 거창한 일만은 아니라는 생각을 가끔 하게 됩니다.

친한 벗이 만든 오디 농축액을 약국에서 팔게 되었습니다. 강원도의 야생 오디를 채취하여 큰 항아리에 담아 일 년 동안 숙성시켜 만든 것으로, 농약 한 방울도 뿌리지 않아 건강에도 좋고 품질 또한 훌륭했습니다. 몸에 좋은 야생 오디 액을 판다는 홍보 문구도 써 붙였습니다. 시원한 생수에 오디 액을 희석해 놓은 뒤 더위에 지쳐 약국에 오는 주민들에게 한 잔씩 나누어 드리면서 보랏빛 열매의 상큼함을 함께 나누고 있습니다.

점심때가 지난 한적한 오후에 술 취한 남자 한 분이 사방을 두리번거리면서 약국으로 들어왔습니다. 바깥에 써 붙인 광고문 보고 들어왔다고, 오디 액 한 잔 얻어먹을 수 있겠냐고 말끝을 흐렸습니다. 조금 짜증 어린 마음으로 오디 액을 따르던 제 마음속에 순간 작은 흔들림이 일어났습니다. 온갖 악취가 피어나고 겉모습이 추레한 사람에게 위로의 마음길이 선뜻 열리지 않고 못된 이기심이 솟아남을 알아버린 것이지요. 삶의 신산함이 온 어깨를 누르고 있는 그분에게 더 큰 위로가 필요할지도 모를 텐데……. 꿀꺽꿀꺽 숨도 안 쉬고 오디 액 한 잔을 단번에 다 드신 아저씨에게 물었습니다.

"부족하시면 한 잔 더 드릴까요?"

"네……."

오디 액 두 잔을 연거푸 비우신 그분은 그제야 세상이 보이는 듯 눈을 크게 떴고 이제 정신을 차렸노라고, 정말 맛있게 먹었노라고 하면서 크게 인사를 꾸벅하고 나갔습니다. 많이 미안하였고 감사했습니다. 아직도 제 마음속에 많이 남아 있는 세상의 정욕이 저를 흔들어 훈련한 귀한 순간이었습니다. 이런저런 모양새로 저를 훈련하시는 하나님 아버지께 그저 감사할 따름이었습니다.

며칠 전, 준영이네 가족에게 아주 멋진 스마트 텔레비전이 선물로 들어왔습니다. 제 약국으로 텔레비전이 왔고 아이들을 불러서 가져가라고 하였습니다. 더운 날씨에 신이 나서 온 아이들과 맛있는 점심을 먹었습니다. 메뉴는 물론 아이들이 엄청나게 좋아하는 돼지갈비였지요. 배 불리 먹고 기분이 좋아진 아이들은 제가 주는 택시비도 마다하고 버스를 타고 간다고 하였고 텔레비전 상자가 커서 두 아이가 고생깨나 하였습니다. 준영이랑 재형이랑 끙끙거리면서 텔레비전과 케이블 연결을 하려고 했으나 잘 안 되어 결국 기사 아저씨의 도움을 받았습니다. 드라마에 나오는 탤런트들이 모두 다 미인은 아니라고, 화장을 엄청나게 많이 했고 그런데도 얼굴의 땀구멍이 다 보인다고 준영이가 신 나서 제게 전화로 이야기하네요. 경호나 재형이도 텔레비전에 얼굴을 묻고 열심히 보고 있다고, 정말 신 나고 즐거운 일이 생겨서 얼마나 좋은지 모르겠다고 아이들이 감사의 인사를 전했습니다.

그사이 준영이네는 많은 일이 있었습니다. 준영이 엄마가 일하다 쓰러지는 바람에 보름 동안 병원에 입원하였습니다. 일해야 한다고 당장 출근하러 나서려는 준영이 엄마를 반강제로 주저앉히고 입원시켰습니다. 극심한 피로로 간에 핏덩이가 생겨 이를 치료하고 전반적인 안정을 취해야 한다는 의사선생님의 강력한 권유로 그리한 것이지요. 퇴원한 뒤에도 준영이 엄마의 몸이 썩 좋아지는 기미가 없어 많이 걱정됩니다.

재형이는 형이 사는 고시원으로 들어가 형과 함께 지내고 있습니다. 준영이 엄마의 입원소식을 들은 재형이 형이 그리하였

습니다. 준영이 엄마는 퇴원하면 다시 오라고 하였으나 제가 보기에 무리일 것 같아 당분간 그리 지내기로 했습니다.

경호는 사이가 소원했던 어머니와 화해하고 집으로 들어갔습니다. 어찌 지내게 될는지 걱정이 많이 되었지만 준영이 엄마의 상태가 그러하니 별도리가 없었습니다. 재형이나 경호 걱정에 준영이 엄마는 많이 불편해하였지만 제가 그리하자고 우겨서 그렇게 하였습니다. 날로 까칠해지고 야위어가는 준영이 엄마가 제 가슴 한편에 자리 잡아 저를 몹시 아프게 하였습니다. 대신 아이들은 매주 금요일에 모여 맛난 음식도 먹고 재미있는 게임도 하고 함께 뒹굴면서 오순도순 일주일 동안 밀린 이야기도 하면서 잘 지내고 있답니다.

공업고등학교 삼 학년생인 아이들은 이제 곧 실습을 나가게 됩니다. 경호는 자동차 만드는 일을 하고 싶다는 꿈을 가지고 있습니다. 그래서 그런 회사로 실습을 가고 싶어 하는데 그리 쉽지는 않아 보입니다. 공업고등학교 학생들을 실습생으로 받아주는 회사는 적고, 실습을 나가고 싶어 하는 학생들은 많고 그러다 보니 이런저런 문제가 생기기도 합니다. 너무도 열악한 환경에서의 실습, 전공과는 상관이 없는 다른 업무, 주로 사소한 심부름, 그리고 지나치게 긴 노동시간, 제대로 주지 않는 월급 등등 실습생 아이들의 처우가 지나치게 불합리함을 알게 되었습니다. 그래서 공업고등학교 삼 학년생들이 현장 실습을 제대로 마치기조차도 어렵다는 사실도 알게 되었습니다. 얼마 지나지 않아 만나게 될 세상을 아이들이 잘 헤쳐나갈 수 있을지 많이 걱정됩니다.

  하나님 아버지께 기도드립니다. 힘든 세상살이에 많이 지쳐 있는 준영이 엄마가 부디 기억하면 좋겠습니다. 하나님 아버지께서 얼마나 그녀를 사랑하고 계시는지를. 그리하여 준영이 엄마가 하나님 아버지께서 그녀에게 주신 큰 축복 가운데 힘을 얻고, 하나님 아버지의 귀한 딸로서 당당함을 키워 견디어낼 수 있도록 그녀의 마음 길을 잡아 열어주시길 간절히 원합니다. 준영이, 재형이, 경호. 이제 이 세 아이가 세상을 만나게 됩니다. 그리고 세상을 향해 걸어가야 합니다. 여린 마음을 흔들고 오염시킬 세상 가운데서 아이들이 살아가야 한다면 버티어낼 수 있는 담대함을 허락하여주시옵소서. 그리하여 하나님 아버지께서 주인 되시는 이 세상이 얼마나 아름다운지 느끼게 하시옵소서. 세상 속에서의 그 어떤 쾌락도 하나님 아버지께서 주시는 사랑의 기쁨만큼 크지 않고, 깊지 않고, 넓지 않음을 아이들이 기억하게 하시옵소서. 모든 사물 가운데 가장 정결하고, 가장 당당한 하나님 아버지의 사랑을 받고 있는 자신들이 얼마나 행복한 사람인지 깨닫게 하시옵소서. 아멘.

여린 마음을 흔들고 오염시킬 세상 가운데서
아이들이 살아가야 한다면
버티어낼 수 있는 담대함을 허락하여주시옵소서.

가출 소녀 수정이의
아름다운 날갯짓

수정이는 고등학교 2학년 학생입니다. 흥이 많고 춤추는 일을 아주 좋아해서 예술고등학교에 진학하여 열심히 공부하고 춤추며 노래하면서 멋진 예술인으로서 자신을 채워가고 있습니다. 수정이는 호적상에는 엄마가 없지만 실제로는 두 분의 엄마가 있습니다. 수정이가 한 살 되던 무렵부터 키워주셨고 지금도 함께 사는 엄마, 호적에는 올라 있지 않지만 수정이를 낳아준 엄마, 그렇게 두 분의 엄마가 있답니다.

자신에게 두 명의 엄마가 있다는 사실을 알게 된 것은 그 아이가 초등학교에 다니던 무렵이었습니다. 어린 수정이에겐 참 무겁고 힘든 일이었을 것입니다. 넉넉지 않은 살림형편에 남들이 다 다니는 학원이나 과외 할 엄두를 내지 못했고, 새 옷을 입고 뽐내는 친구들을 보면 괜히 성질이 났던 수정이는 아이들에게 시비를 걸기도 하였습니다. 이런 수정이를 또래 친구들은 문제 학생으로 지목하며 손가락질하기도 하고 두려워하면서 피하기도 하였습니다. 아무도 안아주지 않는 세상 속에서 수정이가 택한 생존방식은 고슴도치처럼 날카롭게 가시 세우고 찌르는 일이었습니다. 거침없이 또래 아이들과 싸우고, 나이에 어울리지 않게 진한 화장과 옷차림을 하면서 그렇게 수정이는 멍들어갔고 자신을 닫아버렸습니다. 망가져가는 수정이를 보는 일은 고통이었습니다.

수정이가 제 눈에 들어온 때가 그즈음이었습니다. 수정이를 안아주고 싶었습니다. 누구도 자기 안에 들여놓으려고 하지 않는 수정이와 친구가 되는 일은 생각만큼 어려운 일이었습니다. 아이들과 함께 노래방에 가기 위해 아이돌 노래를 열심히 따라 부르며 배웠습니다. 참 재미있었습니다. 수정이네 어려운 가정형편을 알게 되었고 지인들과 함께한 자리에서 수정이 이야기가 나왔는데 정기후원을 하겠다며 고마운 마음을 보내주신 분들이 있었습니다. 감사한 일이었습니다. '밀알 문학회'라는 문학반 출신들이 모여 만든 작은 모임입니다.

수정이가 가출하자 함께 사는 엄마는 그 추운 날에 얇은 가을 점퍼를 입고 수정이를 찾으러 온 동네를 헤매고 다녔습니다. 왜 옷을 그리 입고 다니시느냐고 물었습니다.

"아이가 집을 나가 어디서 어떻게 지내고 있는지도 모르는데 어미라는 사람이 어떻게 뜨뜻한 방에서 다리 뻗고 잘 수 있으며, 두꺼운 코트를 입을 수 있겠어요……."

용감한 엄마가 그렇게 찾아다닌 끝에 친구 집을 전전하던 수정이를 찾아내어 집으로 데려올 수 있었습니다. 돈 한 푼 없이 가출하였던 수정이는 자신이 지니고 있던 모든 것들을 다 팔아버렸습니다. 다시 집에 돌아온 수정이가 학교에 다니기 위해서는 책가방부터 필통까지 모두 사야 했습니다. 다른 식구들의 눈치를 보면서 수정이 엄마는 하나씩 하나씩 장만하였습니다. 가욋돈을 마련하기 위해 시간제로 식당일을 하기도 하고 때론 아기 보는 일도 하였습니다. 수정이 엄마는 허리병도 있고 관절염도 앓고 계신, 연세가 환갑이 넘은 할머니이십니다.

그런데 수정이가 이번에는 브랜드 옷을 사달라고 떼를 썼습니다. 너무 비싸 엄두를 내지 못하는 엄마에게 수정이는 화를 내면서 또 집을 나간다고 소리를 질러댔습니다. 어찌할 바를 몰랐던 수정이 엄마는 그저 묵묵히 빨래를 개키면서 눈물만 흘렸습니다. 소리를 지르면서 씩씩거리던 수정이는 빨래를 개는 엄마의 무심한 손길 끝에 눈이 가게 되었습니다. 너덜너덜해지고 고무줄 부분이 다 삭아서 얇아진 속옷들. 모두가 수정이 엄마 옷이었습니다. 수정이는 옷을 개던 엄마의 손길을 치우고 낡은 속옷 더미를 집어던졌습니다. 부끄럽고 죄송스런 마음에 눈물이 솟구친 수정이는 엄마를 안고 하염없이 울었습니다. 자신을 낳은 엄마가 자신을 버렸듯이 다른 사람들처럼 엄마도 자신을 결국 외면할 것이라고, 그게 가장 두려웠노라고, 정말 엄마를 사랑한다고, 그리고 고맙다고 울면서 고백하였습니다.

그 뒤 수정이는 고등학교에 진학하여 열심히 자신의 재능을 펼치고 있습니다. 교회 학생회 행사가 있을 때마다 찬양예배를 열심히 만들어 친구들과 함께 하나님 아버지께 멋진 무대를 올

립니다. 기쁨이 가득한 얼굴로 하나님 아버지를 만나고 하나님 아버지의 위대함을 찬양하고 춤추는 수정이는 행복합니다. 다윗이 춤추고 찬양했던 것처럼 온몸을 다해 기뻐 춤추며 찬양하는 수정이의 모습을 그리는 일은 행복입니다. 그렇게 수정이는 한 계단씩 올라가고 있습니다. 서툴고 잘하지는 못하지만 한 걸음씩 나아가는 수정이를 보는 일은 즐거움입니다. 하나님 아버지께서 끝까지 포기하지 않으시고 수정이의 손을 꼭 잡아주셨음에 감사드립니다. 지금까지도 매월 수정이에게 사랑과 관심을 보내주고 계신 '밀알 문학회'에 깊은 감사를 드립니다. 고맙습니다.

떠나간 사람들,
돌아온 사람들

모두가 풍성한 한가위입니다. 텔레비전 속에 비친 이웃 사람들의 모습이 참 부러웠습니다. 고향으로 향하는 사람들 그리고 고향 나들이를 마치고 각자의 일터와 집으로 돌아오는 사람들. 가족과 함께 손을 잡고 서로 웃고 하는 모습을 보면 달려가 안길 수 있는 고향이 있는 사람들은 참으로 행복할 것입니다. 달려갈 고향이 있다는 것은 가슴속 깊이 품을 소망이 있다는 이야기이니 참으로 마음이 가득해집니다.

자신이 태어나고 자란 고향인 중국으로 가고 싶은 소망을 절대 포기하지 않았던 강 언니가 드디어 그 소망을 이루어 가슴 벅찬 귀향을 하였습니다. 식당에서 열두 시간 이상 일하고 가게 구석방에서 쪼그려 새우잠을 자면서 결코 포기하지 않았던 언니의 소망. 고향, 아픈 아들, 병든 어머니, 그리고 고향의 냄새. 배추 농장 비닐하우스에서 땀을 뻘뻘 흘리면서 일해서 모은 귀한 돈을 가지고 어머니와 아들이 기다리는 집으로 갔습니다. 한국으로 시집오기 위해 진 빚도 다 갚았다며 노란 바나나를 잔뜩 사가지고 온 강 언니는 그동안 고마웠노라고 제게 따스한 인사를 하고 고향으로 돌아갔습니다. 온 가족의 생계를 책임지고 낯선 땅 한국으로 떠난 딸을 위해 눈물로 기도하고 계시다던 어머니와 잘 만났는지……. 얼마나 울었을까요, 두 모녀는. 심장이 나쁘다던 언니의 아들은 치료를 잘 받았는지, 엄마를 만나러 한걸음에 뛰어와 엄마의 품에 안기었는지도 궁금해집니다. 강 언니가 중국에 가서도 이곳에서 하나님 아버지와 맺었던 소중한 인연을 잊지 말았으면 좋겠습니다. 그녀를 사랑하시는 하나님 아버지께서 어떻게 그녀를 거두어주고 품어주고 안아주었는지 오래오래 기억하면 좋겠습니다. 그녀를 사랑하시는 하나님 아버지께서 그녀를 어떻게 구해내시고 어떻게 들어 쓰셨는지 그리하여 그녀를 향한 하나님 아버지의 열심이 어떠하였는지 오래오래 기억하면 좋겠습니다. 강 언니가 앞으로 삶의 긴 여정에서 눈물 나는 고통과 만나더라도 그 고통과 마주 설 수 있는 당당함이 자신에게 있음을 오래오래 기억하였으면 좋겠습니다.

두 분 부모님의 병원비를 대느라고 고생하던 착한 영미 씨는 다리를 많이 다쳤습니다. 미아리 집창촌 가게들은 오래되고 낡은 집들이 많습니다. 작고 오래된 건물들을 이리저리 고쳐서 쓰다 보니 이곳에는 유난히 쪽 계단이 많지요. 순간을 다투는 일들이 많은 동네라 바쁘게 그 계단들을 오르락내리락하다가 넘어진 것입니다. 영미 씨는 무릎과 발목의 인대가 많이 늘어나는 바람에 수술을 받았습니다. 양팔에 부목을 대고 발을 절룩거리면서 아침마다 병원에 가서 물리치료를 하고 오는 영미 씨의 얼

미아리 서신

굴에는 수심이 가득합니다. 아버지는 간 혈전 제거 수술을 받으셨는데 회복이 잘 안 돼서 퇴원하였지만 수시로 병원치료를 받고 있습니다. 남편의 오랜 병 수발에 지친 영미 씨 어머니는 당뇨가 심해 순환장애로 손발이 아주 많이 저려서 집안 살림조차 제대로 하시질 못한다고 하였습니다. 두 분의 생활비와 병원비는 오롯이 영미 씨의 몫이기에 인대를 다쳐 일하지 못하는 영미 씨는 줄어만 가는 자신의 저금통장 잔고를 걱정하고 있습니다.

"그래도 이모, 다행이지요. 부모님이 아직은 제 곁에 살아계시니까요."

모처럼 휴가를 얻어 집에 가는 날이면 영미 씨는 가게 주방 이모가 잔뜩 만들어준 밑반찬 통을 한 보따리 가득 들고 집으로 신 나게 갑니다. 이삼 일 동안 집에 있으면서 온 집안을 말끔히 정리하고 모든 빨래를 하고 온다는 이야기를 하면서도 참으로 가볍고 맑은 영미 씨. 지친 몸이 참 무거울 텐데도 별 내색 없이 즐거워합니다. 참으로 감사할 일입니다. 영미 씨 부모님께서 하루속히 건강해지시길 바랍니다. 영미 씨의 인대치료도 잘되어 예전처럼 환하게 웃으면서 팔짝팔짝 뛰는 두 발로 씩씩하게 "안녕하세요, 약사 이모!" 외치며 약국 문을 밀고 들어왔으면 하는 소망을 품어봅니다.

씩씩하게 딸아이를 키우면서 사는 진영 씨는 올해 초 미아리 집창촌을 떠났습니다. 올해 초등학생이 되는 딸아이와 함께 살기 위해, 엄마라는 자리에 제대로 온몸으로 서기 위하여 그녀는 마음을 단단히 다잡고 이곳을 떠났습니다. 딸아이와 함께 당당히 살기 위해 미용사 자격증도 딴 당찬 진영 씨지만 세상으로 가는 길이 두렵고 겁이 난다고 하였습니다. 고등학교를 채 마치지 못한 채 미혼모 시설에서 예쁜 딸아이를 낳은 그녀가 처음 돈벌이를 시작한 곳이 미아리 집창촌이었습니다. 그리고 7년. 올해 스물여섯인 진영 씨는 제 아들아이와 동갑입니다. 딸아이 초등학교 입학식에는 잘 갔는지, 초등학교 일 학년 때에는 엄마가 챙겨줘야 하는 숙제도 있고 준비물도 많은데 잘하고 있는지 많이 걱정됩니다. 아마 진영 씨는 잘하고 있을 것입니다. 누구보다 좋은 엄마이니까요. 그리고 하나님 아버지께서 지켜주고 계실 테니까요.

3부.

당신의 손은
밧 줄 을
닮았습니다

뜻밖의 조문

오래된 재래 가옥이 많은 저희 동네는 수도관이 집 바깥에 있는 경우가 많아 겨울이면 수도관 동파 사고가 끊이지 않습니다. 수도관을 동파시키는 한파처럼 우리네 삶에도 모진 시련들이 닥치곤 합니다. 환난이 소망의 싹임을 잘 알고 있으면서도 그 환난 앞에서 무너지는 우리의 모습은 참으로 나약하기 그지없습니다. 오십 년 남짓 살아온 제 삶도 서너 차례의 모진 한파를 딛고 이곳까지 왔답니다. 제 삶에 남아 있는 숙제가 얼마나 되는지 알 수는 없지만 살을 에는 듯한 추위보다 더 아픈 일이 얼마 전에 제게 일어났습니다.

햇볕이 따스하여 마치 봄날 같았던 12월, 제 모친께서 소천을 하셨습니다. 부모님이 사시던 집은 오래된 한옥이라 겨울이면 몹시 추워서 늘 맘에 걸렸는데, 어머니가 그만 차가운 목욕탕에서 심장마비로 쓰러지셨습니다. 집에 같이 계시던 동네 아주머니가 머리 감는 게 너무 오래 걸리는 걸 이상하게 생각해 저한테 전화하시고 망치를 찾아 목욕탕 문을 부수고 들어가 보니 어머니가 쓰러져 계셨던 것입니다. 뒤이어 도착한 저는 119에 전화를 건 뒤 너무도 추워 보이는 엄마의 몸을 이불로 덮고 여기저기를 비볐습니다. 만지고 또 만지고, 어머니의 눈을 열어보고, 입을 열어 인공호흡을 하고, 깍지를 낀 손으로 어머니의 심장을 자극하고, 손을 들어 제 머리에 얹어보고……. 그러는 사이 구급대가 와서 어머니를 싣고 병원으로 향하였습니다.

이 박 삼 일 동안 배추김치 이백 포기를 담아 이웃들과 나누며 온 동네에 김장 잔치를 벌이셨던 어머니는 지하 저장실에서 한창 맛이 들어가는 동치미 세 항아리와 알타리 김치 한 항아리를 두고 어떻게 가셨는지 모르겠습니다. 워낙 살림살이에 손이 크신 분이라서 집에는 김치 냉장고 두 개가 늘 이런저런 김치로 가득 차 있었고 지하실에는 김장을 끝내고 말려놓은 무청 시래기, 그 옆에는 손자가 좋아하는 무말랭이, 된장찌개를 좋아하신 아버지를 위한 호박 말랭이 그리고 신문지로 가지런히 갈무리해 놓은 배추포기와 무가 있습니다. 장독대에는 햇고추장, 묵은 고추장 단지, 햇된장, 조선간장, 그리고 옆에는 지난여름 아버지의 청양고추 농사에 열심히 대어주었던 스티로폼 화분들이 가지런합니다.

어머니의 유품들을 정리해야 하는데 무엇 하나도 버릴 수가 없었습니다. 상을 치르는 내내 제 일처럼 발 벗고 나서주었던 동네 이웃들과 함께 나누었습니다. 어머니께서 즐겨 입으셨던 꽃분홍색 겨울 코트는 장 권사님 드렸더니 아주 잘 어울렸고 권사님도 많이 좋아하셨습니다. 어머니도 기뻐하실 거라 생각되었습니다.

평소에 건강하셨던 분이어서 한 번도 상상해본 적이 없었기

미아리 서신

에 어머니의 부재는 시간이 지날수록 점점 더 큰 아픔으로 다가왔습니다. 슬픈 소식에 한걸음에 달려오신 교회 식구들의 진심 어린 마음과 따스하게 잡아주는 손은 제게 큰 위로가 되었습니다. 동네 세탁소 아주머님도 눈물이 글썽한 눈으로 저를 보시고 안타까워하시며 안아주셨습니다. 정신없이 첫날을 보냈고 둘째 날에도 제 아픔을 나누고자 찾아오는 많은 지인을 만나고 슬픔을 나누고 힘을 얻으면서 버티던 중 뜻밖의 조문객을 맞이하였습니다.

이곳 집창촌에서 일하는 은경 씨가 다른 아가씨와 함께 제 어머니의 영정 앞에 흰 국화를 올리고 다소곳이 무릎 꿇고 앉아서 명복을 빌고 있었습니다. 저와 눈을 맞추고 인사를 나누는 은경 씨의 눈 주위는 벌게져 있었습니다. 힘드시죠 하며 은경 씨는 제 손을 따스하게 잡았습니다. 유난히 눈이 크고 맑은 은경 씨는 눈에 호수 하나를 담고 사는 사람입니다.

무릎 가까이에 심한 상처를 입고 소독도 제대로 하지 않은 상태에서 밀착 붕대를 사용하여 안쪽에 고름이 가득 찬 상태로 은경 씨는 약국에 왔습니다. 염증 때문에 걷기조차 어려운 은경 씨에게 당장 병원에 갈 것을 권유하였지요. 그러나 은경 씨는 일해야 하기 때문에 갈 수 없다고 우겼습니다. 그러다가 잘 못되면 영 못 걸을 수도 있다고 거의 협박조로 이야기하였습니다. 같이 온 주방 이모가 놀라서 빨리 병원에 가자고 은경 씨 팔을 강제로 잡아 끌고 갔습니다. 근처 병원에 가 치료를 하고 처방전을 받아서 약국에 다시 들렀습니다. 어떻게 상처가 이리 될 때까지 내버려 두었냐고 사람이 왜 그리 무식하냐고 의사 선생님께 무지 혼이 났다는 이야기를 하면서 은경 씨가 환하게 웃었습니다. 눈이 맑고 큰 그녀의 웃는 모습은 참 예쁩니다. 머리 염색도 안 하고 손톱에도 아무런 치장을 하지 않은 모습이 마치 늦깎이 대학생처럼 청초해 보인다는 이야기를 하니, 그녀는 얼굴이 빨개지면서 환한 웃음으로 대답하였습니다.

삼십 대 중반의 은경 씨는 중학생인 딸을 두고 있는 미혼모입니다. 십수 년 전 은경 씨는 평범한 여학생이었습니다. 공부를 그리 잘하지도, 뛰어나게 예쁘지도 않았고, 친구들과 떡볶이 먹으면서 끝없이 웃고 때론 울기도 했던 십 대 소녀였습니다. 같은 동네에 사는 오빠랑 가슴 설레는 데이트를 하면서 사랑이 얼마나 귀하고 아름다운 것인지 알게 되었기에 후회는 없다고 하였습니다. 어느 날 저녁 감기약을 사러 약국에 들른 은경 씨는 제가 듣던 목사님 설교 말씀을 유심히 듣더니 "참 말씀이 좋으시네요." 하면서 한참 동안 앉아 있었답니다. 은경 씨와 예수님과의 소박한 아름다운 교제는 그렇게 시작되었습니다.

"아주 어렸을 때 동네 아줌마 따라 교회에 나가 본 적이 있어요. 은은한 노랫소리와 목사님의 말씀에 눈물 흘리는 할머니들. 모두 행복한 웃음을 짓는 얼굴들……. 교회는 참 좋은 곳이라는 생각을 그때 처음 했어요."

이야기하는 은경 씨의 호수에는 별이 두 개 떠 있었습니다.

"나 같은 사람과는 아주 다른 착한 사람들, 깨끗한 사람들만 하나님께서 예뻐하실 거라 생각했어요. 그래서 나는 교회 계단을 올라갈 자격도 없다고 생각했는데 이제 그렇지 않다는 것을 목사님 설교를 들으면서 알게 되었어요. 고맙습니다."

고맙다고 인사하는 은경 씨에게 오히려 제가 고마운 마음이 들었습니다. 모르는 이들에게, 잘못 알고 있는 이들에게 하나님의 좋은 소식을 듣게 하고 제대로 알려야 할 책무가 우리에게 있음을 알게 되었으니까요.

그런 은경 씨가 저를 위로하러 찾아온 날, 아마 은경 씨는 알게 되었을 것입니다. 하나님 아버지께서 우리에게 얼마나 많은 사랑의 샘을 파놓으셨는지를. 사랑을 베풀고 나누는 일이 하나님 아버지께서 얼마나 좋아하시는 일인지를. 또 베풀고 나누면 그만큼 그 샘물을 채우고 계시는 하나님께서 우리 아버지인 것이 얼마나 행복한 일인지를……. 그곳까지 은경 씨를 인도하여주신 하나님 아버지 고맙습니다.

환난이 소망의 싹임을 잘 알고 있으면서도

그 환난 앞에서 무너지는 우리의 모습은

참으로 나약하기 그지없습니다.

엉엉 울고
말았습니다

어머니를 여의고 처음 맞는 설 명절이었습니다. 늘 묵은 김치를 꼭 짜고 두부와 숙주나물을 다지고 갖은 양념으로 맛을 낸, 제 얼굴처럼 엄청나게 큰 만두를 만들어주시던 어머니. 기름진 음식으로 거북해진 속을 달래는 데 그만인 달콤한 식혜와 수정과를 정성스레 만들어주셨던 어머니의 따스한 손길이 더욱 그리웠습니다. 오십이 넘은 나이에도 할 줄 아는 것이 별로 없고 그저 어머니가 담가주시는 김치를 세상에서 제일 맛있어했던 철부지 딸이었기에 아직은 스스로 해야 하는 일들이 익숙하지 않지만 그래도 조심스레 한 발 한 발 앞으로 나가고 있습니다.

경기도 양주가 고향이신 어머니는 손끝 솜씨가 좋으셨습니다. 옷을 짓는 솜씨, 살림을 마무리하는 솜씨, 그중에서도 음식하는 솜씨가 참 좋으셨습니다. 특히나 명절음식을 참 잘하셨습니다. 어머니의 명절 일정은 열흘 전 장 보는 일부터 시작됩니다. 아침 일찍 서둘러 경동시장에 가서 필요한 것들을 사들이고 각각의 쓰임새에 맞게 정리를 해놓은 뒤에 오후 장을 보러 또 시장에 가십니다. 그렇게 오전 오후로 시장 나들이를 서너 번 하셔야 명절음식 준비를 위한 준비가 끝납니다.

칠레산 녹두는 찰진 맛이 적다면서 어머니는 꼭 우리 녹두를 물에 불려 방앗간에서 잘 빻은 뒤 고사리, 숙주나물, 대파, 돼지고기 등등을 넣어 지짐을 만드셨습니다. 식용유를 넉넉히 두른 프라이팬에 지지는 녹두지짐은 그리 크지 않았고 애기수박만 한 크기였습니다. 녹두 두 말이 들어간 지짐을 만드는 데만 하루가 꼬박 걸립니다. 재료 준비에 반나절, 지지는 데 또 반나절. 그렇게 만든 녹두지짐이 광주리에 담겨 뒷방을 가득 채우고 나면 어머니의 얼굴에는 고단함을 씻는 미소가 흘렀습니다. 늘 녹두지짐이 먼저였고 그 뒤를 이어 만두, 고기반찬 그리고 나물이 만들어지면서 뒷방은 명절로 가득 찹니다.

명절이면 어머니는 으레 조금 많다 싶게 만드셔서 늘 가까운 사람들과 나누는 즐거움을 만드셨습니다. 제가 교회 이웃들과 음식을 나누어 먹는 것을 아시기에 저에게 좀 더 많은 음식을 주셨습니다. 양쪽 어깨가 아플 정도로 반찬을 잔뜩 들고 집에 오면 그것들을 나누어 담느라 분주해지곤 했습니다.

"이 집사님, 어머님 떠나시고 처음 맞는 명절이 쓸쓸하고 힘들지요?"

김 집사님이 빨갛게 익은 방울 토마토 한 팩과 제 주먹만 한 연초록 브로콜리를 건네시며 물으셨습니다. 순간 울컥하여 집사님을 바로 볼 수가 없었습니다. 김 집사님의 위로가 제 마음 깊숙이 차가웠던 마음 길에 와 닿았고, 녹아버린 마음이 눈물로 흘렀습니다. 집사님은 울먹이는 제 손을 꼭 잡으시면서 좀 더 좋은 것으로 나누지 못해 미안하다고 하셨습니다.

미아리 서신

함께 사는 가족이 없는 김 집사님은 나라에서 주는 돈으로 생활하고 계십니다. 일흔이 넘은 연세에도 교회의 크고 작은 행사에는 늘 참여하십니다. 음식을 장만해야 하는 행사가 있을 때에는 교회 주방에 가야 집사님을 뵐 수 있습니다. 열심히 부엌일을 하시는 내내 잔소리 한 번, 불평불만 한 번 없으십니다. 얼굴 가득 웃음을 띠시고 밝은 목소리로 늘 즐거움과 함께 생활하시는 집사님은 하나님 아버지께서 참으로 사랑하시는 분입니다. 당신의 고단한 삶에 대하여 한마디 불평도 없이 환하게 살아가시는 김 집사님의 귀한 단단함을 본받고 싶습니다.

  그런 집사님이 집에 대한 어려움을 힘들게 제게 열어 놓으셨습니다. 혼자 누워 양팔을 뻗으면 양쪽 벽이 닿고, 부엌시설이 제대로 없어 일회용 가스난로를 방 한쪽 구석에 놓고 아쉬운 대로 간단히 끓여 먹고 있다고 하셨습니다. 된장찌개를 끓이기 위해 호박이나 두부를 써는 일도 방안에서 해결해야 합니다. 세수하거나 머리를 감을라치면 좁은 마당 가운데 있는 수도를 이용해야 하니 옷을 다 입고 물을 사용해야 합니다. 아무리 더운 여름이라도 등목 한 번 제대로 할 수가 없으신 김 집사님은 그래서 아주 조금만 큰 집에서 살아봤으면 좋겠다고 하셨습니다. 고등어를 손질하고 무를 또각또각 썰어 넣어 얼큰한 고등어조림을 만들어 먹고, 그리 좋아하신다는 청국장찌개를 끓여 먹을 수 있는 작은 부엌이 있는 집, 땀이 등줄기를 흘러내리는 한여름에는 훌렁훌렁 옷을 벗고 시원하게 샤워를 할 수 있는 화장실이 있는 집말입니다. 텔레비전을 선물 받았는데 둘 데가 없어서 머리맡에 놓고 보셨다는 이야기를 듣고 있는 제가 참으로 송구스러웠습니다. 많이 죄송했고 부끄러웠습니다. 나라에서 어려운 사람들에게 싸게 공급하는 작은 임대아파트를 신청해보았으나 번번이 떨어진다면서 끌탕을 하시는 그분의 얼굴은 그럼에도 참 편안해 보였습니다. 어렵고 힘든 사람들이 날로 많아져서 이제는 당신 차례가 없나 보다고 말씀하셨습니다.

준영이 엄마도 그랬습니다. 단열이 제대로 안 되는 집에 수년 동안 살면서 준영이 엄마는 겨울이 무서워졌다고 말합니다. 웃풍이 없어서 편히 얼굴을 내놓고 잘 수 있는 그런 집에서 살아봤으면 좋겠다고 늘 입버릇처럼 이야기합니다. 희망에 부풀어 임대 주택 신청하는 날이 오면 준영이 엄마는 아주 행복한 목소리로 제게 전화를 합니다.

"언니, 오늘 또 신청했어. 꼭 될 수 있도록 하나님 아버지께 기도 많이 드려줘."

그녀의 말대로 저는 온종일 기도를 합니다. 약을 지을 때도, 설거지를 할 때도, 음악을 들을 때도 입으로 중얼거리면서 하나님 아버지께 아룁니다. 입주자 선정 발표일까지 그녀는 늘 즐거운 마음으로 하루하루 세면서 그렇게 하나님 아버지와 만나게 되는 기쁨을 누린다고 합니다. 정말 고맙고 감사한 일이지요. 고운 김 집사님도 그런 즐거움을 마음껏 누리니 얼마나 좋은 일인지 모르겠다고 하십니다.

그런데 저는 잘 모르겠습니다. 왠지 가끔은 하나님 아버지께서 저희 기도를 너무 안 들어주시는 것 같아서 서운하다는 기분이 살짝 들기도 하니까요. 겨울이면 볼이 발개지는 동상을 입은 준영이 엄마를 보는 일이 힘들고, 당신이 좋아하시는 찌개도 제대로 끓여 드실 수 없는 김 집사님이 저를 볼 때마다 잡아주시는 따스한 손이 얼마나 가슴 아픈지 모르겠습니다.

"나보다 더 힘든 사람들이 많아서 이번에도 내 집은 없었나 보네. 이 집사님 너무 걱정하지 마요."

김 집사님은 오히려 저를 위로하시면서 그래도 당신은 행복하다고 하십니다. 제게 많은 가르침을 주시는 김 집사님이 부디 내년 설에는 당신의 따스한 집에서 맛있는 만둣국을 끓여 드실 수 있으면 좋겠습니다. 수면 양말을 신고 수면 바지를 입고 두껍게 무장을 하고 자야 하는 준영이 엄마가 나비처럼 고운 얇은 잠옷을 입고 편안한 잠을 잘 수 있는 그런 집이 생기면 좋겠습니다. 농구 한 판을 하고 친구들과 함께 들어온 준영이가 땀을 씻고 시원하게 등목을 하며 웃을 수 있으면 좋겠습니다. 작은 소망을 품고 가면서 김 집사님과 준영이 엄마가 소망의 길 가운데서 새롭게 그리고 깊게 만나게 되는 하나님 아버지께서 함께 계심이 참으로 고맙습니다.

왠지 가끔은 하나님 아버지께서
저희 기도를 너무 안 들어주시는 것 같아서
서운하다는 기분이 살짝 들기도 합니다.
겨울이면 볼이 발개지는 동상을 입은 준영이 엄마를 보는 일이 힘들고,
당신이 좋아하시는 찌개도 제대로 끓여 드실 수 없는 김 집사님이
저를 볼 때마다 잡아주시는 따스한 손이
얼마나 가슴 아픈지 모르겠습니다.

폐지 할머니 리어카 위에
꽃화분 한 개

가을이 가득합니다. 온 나라에 가을의 넉넉함이 발길 내딛는 어디에나 흘러넘치는 축복의 시간들이 우리 곁을 흐르고 있습니다. 그 귀한 시간들과 어떻게 만나고 계신지요?

저는 이렇게 화사한 가을이면 조금이라도 짬을 내어 행복한 나들이를 하곤 합니다. 올해는 강원도 영월로 발길이 향하였습니다. 청량리역에서 기차를 타면 약 세 시간 정도 걸리니 당일 여행으로도 부담 없이 다녀올 수 있는 거리입니다. 나란히 놓인 철로와 그 위를 달리는 날쌘 기차를 볼 때면 제가 살짝 달아오름을 느낍니다. 제 몸을 온전히 맡겨야 하는 커다란 금속에 대한 두려움과 이제 곧 만나게 될 공간의 낯섦이 저를 설레게도 하고 긴장하게도 한답니다. 세 시간 남짓 달려 도착한 영월은 소담스런 도시였고 사람 사는 흔적들이 곳곳에 묻어 있는 따스한 동네였습니다.

저는 새로운 도시를 만나면 꼭 찾아보는 곳이 오래된 시장과 사람 냄새 풀풀 나는 동네 골목입니다. 오래된 시장과 동네 골목은 겉으로 보이는 모습이 아닌 살아 있는 모습, 펄떡이는 날것의 모습 그대로를 볼 수 있고 만질 수 있고 그야말로 여행이 주는 귀한 맛을 느낄 수 있는 보물창고입니다. 영월 시장에는 젊은 청년들은 좀처럼 찾아볼 수가 없었고, 나이 드신 어르신들이 힘겹게 삶의 자리들을 지켜가는 모습만 가득하였습니다. 아궁이에 얼굴을 디밀고 연탄구멍 맞추어 연탄을 갈면서 맡았던 독한 일산화탄소 가스 냄새는 순간 머리를 띵하게 하였지요. 제대로 건조되지 않은 연탄을 갈 때는 눈물 콧물이 앞을 가린 불편한 기억도 있었지만, 한 장의 연탄으로 구들을 따스하게 덥히고 새 밥을 지을 수가 있었지요. 늘 따뜻한 물을 제공해주는 연탄불은 참으로 좋은 친구였습니다.

어느 시인이 말했듯이 연탄불만큼 누군가를 따스하게 해주었던 기억이 있는지……. 아낌없이 주는 나무의 그 나무와 연탄은 참 많이 닮았습니다.

영월 읍내 골목을 여기저기 다니다가 작은 골목에서 너무나도 귀한 하나님의 성전을 보게 되었습니다.

'두 날개로 날아오르는 건강한 교회 명성교회'

눈여겨보지 않으면 찾을 수 없는 골목 앞의 작은 간판만이 그곳에 교회가 있음을 알리고 있었습니다. 채 한 폭이 되지 않는 골목을 걸어 들어가니 조립식 건물로 지은 작고 아담한 공간이 나타났습니다.

왼쪽에 있는 작은 예배실에서는 학생회 모임이 있는지 열심히 말씀하시는 사역자의 힘 있는 목소리가 들렸고 뒤이어 청령포의 맑은 자갈처럼 환하게 재잘거리는 아이들의 웃음소리가 문밖까지 흘러나왔습니다. 작은 예배실 앞에 가지런히 놓인 아이들의 허름한 운동화들도 눈에 들어왔습니다. 오른쪽으로 약간 높은 건물인 본당이 있었습니다. 페인트칠이 많이 벗겨진 본당 외벽에 쓰인 문구가 참으로 당당하였습니다.

'위대한 계명과

위대한 명령에 대한

위대한 헌신은

위대한 교회를 만든다.'

그 당당함은 청령포에서 만난 소나무와 많이 닮아 있었습니다. 한때 화려했던 탄광촌의 흔적이 곳곳에 남아 있고, 지키는 사람보다 떠나는 사람들이 더 많은 작은 도시에서 위대한 교회를 가슴에 품고 위대한 계명과 위대한 명령을 지키기 위해 한 발 한 발 나아가는 영월 명성교회 앞에 하나님 아버지의 큰 보살핌이 함께하시리라 믿습니다. 하나님 아버지를 향한 위대한 헌신이 부디 그들에게도 기쁨이 되길 간절히 원합니다.

다가오는 추수감사절 예배에 이웃초청 잔치를 하기 위해 저희 교회에서는 이웃에게 초청장과 함께 마음을 담은 예쁜 꽃 화분을 선물하고 있습니다. 성도들이 스스로 화분을 구매하여 따스한 마음을 담아 나누어 주는 행복한 사랑 릴레이를 하고 있습니다.

나눌수록 커지는 하나님의 사랑을 아직도 모르고 있는 사람들에게 그 기쁨과 즐거움을 알게 하려고 저도 화분을 사서 이웃들에게 전달하고 있습니다. 전하는 것은 화분이 아니고 그 꽃에 담뿍 담겨 있는 하나님 아버지의 크신 사랑이랍니다. 누구와 이 기쁜 소식과 이 예쁜 화분을 나눌까 잠시 행복한 고민을 하였습니다. 감자탕을 맛있게 끓여 주셔서 저를 눈물 나게 하였던 소망집 이모와 폐지를 거둬 가시는 부지런 할머님이 머릿속에 떠올랐습니다.

"이모, 하나님 아버지가 하시는 사랑 고백 받으세요. 여기 예쁜 화분 전달이요. 저는요, 그저 심부름꾼이랍니다. 하나님 아버지께서 이모에게 주시는 사랑을 전달하는 심부름꾼이요."

"나한테 뭐 이런 걸 다 줘……. 내가 이런 걸 받아도 되나? 나는 교회도 안 다니는데……."

"이모가 교회 안 다니는 거 하나님 아버지께서도 다 알고 계셔요. 그러니 걱정하지 마시고 이모를 세상 누구보다도 사랑하시는 하나님 아버지께서 늘 이모를 지키고 계심을 잊지 마시라구 하나님 아버지께서 주시는 사랑의 증표랍니다."

주황색 꽃 화분은 이모 반찬가게 조립식 창문틀 앞에 자리 잡

미아리 서신

고 앉았습니다. 햇볕도 잘 들어오고, 바람도 잘 통하는 창문틀에 겨자씨만 한 하나님 아버지의 사랑이 뿌려졌습니다. 잘 자랐으면 좋겠습니다.

미아리 집창촌의 새벽을 밝히는 아침 태양 같은 분들이 몇 분계십니다. 도로 청소를 하시는 환경미화원 아저씨, 마담 이모들의 아침 찬거리를 해결해주는 소망집 이모의 반찬 마차, 그리고 또 한 대의 마차는 부지런 할머니의 손수레입니다.

샛별과 함께 집을 나서시는 부지런 할머니는 누구에게도 도움받기 싫다 하시면서 씩씩하게 생활하십니다. 자가용 손수레를 끌고 밤새 미아리 집창촌 골목골목을 누비면서 여기저기 쌓여 있는 폐지와 재활용품을 수집하러 다니십니다. 당신 스스로 일하고 생활을 꾸리는 게 좋다고 힘든 폐지 수집을 계속하고 계십니다. 미아리 집창촌에서는 꽤 유명하시며 누군가가 폐지를 모아 주거나 헌 옷가지를 챙겨 주면 박카스 한 병이라도 꼭 사서 대접을 하십니다. 참으로 깔끔하시고 예의가 바른 분이십니다.

점심때가 지나서 나오신 할머님께 빨간 꽃이 피어 있는 화분을 드렸더니 주름 골 깊은 얼굴에 환한 웃음이 피어납니다.

"약사 양반, 나는 교회도 안 나가는데 이 꽃은 왜 주는가?"

"할머님을 엄청 사랑하시는 하나님의 사랑이 요기에 가득 있어요. 그거 할머님께 알려드리려구요. 할머님이 아직 모르시잖아요, 하하하."

"허허허 그런가. 여기에 하나님의 사랑이 있는가 그려."

할머님은 크게 웃으시면서 폐지가 가득한 손수레 위에 화분을 떡하니 얹으시고 끈으로 단단히 여민 뒤 집으로 향하셨습니다. 폐지 한 보따리 위에 소담스럽게 놓여 있는 하나님 사랑으로 할머님의 손수레가 빛나고 있었습니다. 그날따라 유난히 할머니의 손수레가 사랑스러워 보였습니다.

수요일의 성찬

매주 수요일 아침이면 저는 오늘 점심에 얼마나 맛난 음식을 먹게 될까 기대에 가득 차서 출근합니다. 정성스럽게 따스하게 차려진 밥상을 받는 행복한 날이기 때문입니다. 교회마다 성도들의 자치모임이 있습니다. 저희 교회에도 여성 성도들의 자치 모임이 있고 나이별로 마리아, 에스더, 유니게, 한나, 다비다, 사라 등 성경에 나오는 여성들의 이름을 따서 모임을 하고 있습니다. 함께 모여 서로의 삶에 관하여 이야기도 하고 기쁜 일에는 함께 손뼉 치며 기뻐하고, 슬픈 일에는 손잡고 함께 울어 주기도 하면서 세상이라는 험하고 먼 길을 함께 걸어가는 좋은 길동무랍니다.

그중에서도 가장 연세가 지긋하신 분들의 모임이 사라회인데 매주 수요일에 모입니다. 연세가 일흔이 넘으신 분들의 모임이며 평균 연령은 여든이 넘습니다. 해가 바뀔 때마다 한 분 한 분 하나님 아버지 곁으로 가시는 일이 마음 아프지만 그래도 즐겁게 모여서 예배를 드리고 있습니다. 새벽 예배시간과는 달리 차량운행을 하지 않기 때문에 각기 다른 시간에 다른 모습으로 집에서 출발하여 신앙의 동료를 만나고 하나님 아버지를 만나기 위해 교회로 모이십니다. 경기도 구리에서 지하철을 타고 한 시간 넘게 오시는 권사님, 지팡이를 단단히 부여잡고 한 발 한 발 걸어오시는 권사님, 무릎 관절염이 심하여 전동휠

체어를 타고 씩씩하게 오시는 권사님……. 편하게 쉽게 오시는 분은 한 분도 없습니다.

그렇게 모여서 찬양과 예배를 드리고 나면 즐거운 점심시간이 기다립니다. 최춘자 권사님과 장점순 권사님이 정성스레 준비하신 점심이 깔끔한 주방에서 기다리고 있습니다. 교회에서 한 끼 식사비용으로 지급되는 돈은 그리 많지 않습니다. 적은 돈을 가지고 최 권사님은 좀 더 좋은 재료를 좀 더 싸게 사기 위해 경동시장까지 장을 보러 가십니다. 단골 가게에 가서 물건값도 깎고, 덤도 얻고 하여 잔뜩 장을 보십니다. 머리에 이고 손에 들고 어깨에 메고 하여, 버스도 타고 걷기도 하여 교회 주방까지 오십니다. 그렇게 재료는 구매하지만, 음식을 만드는 데 필요한 양념을 살 여유는 없습니다. 최 권사님과 장 권사님이 서로 각자의 집에 있는 양념들을 준비해 오십니다.

갓 지은 밥과 계절에 맞는 찬거리로 사라회의 수요일 밥상이 꾸려진 지는 삼 년 정도 되었습니다. 그전까지는 가벼운 간식으로 식사를 대신하였는데 손상득 목사님께서 부임하시면서 많은 변화가 있었고, 수요일 점심도 그중에 하나입니다.

손 목사님은 인천 가난한 부둣가 마을에서 뱃사람이었던 아버지 밑에서 참으로 어렵고 힘든 청소년 시절을 보냈습니다. 동인천역에서 그리 멀지 않은 곳에 만석동, 화수동이라는 동네가 있습니다. 제가 이십 대를 잠시 보낸 적이 있는 곳이고 손 목사님의 고향입니다.

정말 가난한 동네. 그곳에 대한 기억은 지금도 선연합니다. 처음 그 동네에 갔을 때 아, 이런 동네가 있구나 하고 놀랐습니다. 생선 궤짝으로 집을 지었고 대부분 상하수도 시설이 없었으며 공동 수도와 공동 화장실을 쓰는 동네였습니다. 나무합판으로 벽을 만들고 집을 만드니 방에 앉아서도 옆집에서 방귀 뀌는 소리를 들을 정도였습니다.

가까이에 만석 부두, 화수 부두가 있어 부두에 관련된 일을 하는 사람들이 많이 살고 있었고, 얼굴이 꼬질꼬질한 아이들이 뛰어놀고 소란스러움도 많았던 동네였지만 적게 가진 사람들이 함께 나누고 의지하며 행복하게 오순도순 살아가던 동네였습니다.

부두는 크지 않았기에 큰 배보다는 연안에서 나는 생선을 잡는 작은 배들이 많았습니다. 바닷물이 들고 나는 사이, 때에 맞춰 배들은 들어오고 나가고 하였습니다. 자연의 순리에 따라 순순히 흘러간 것이지요. 크게 욕심내지 않고 자족하며 소박하게 살아가는 그런 동네였습니다. 어찌 보면 가난하였으나 따스했던 삶 속에서 물질적 어려움에 굴하지 않고 예수님과의 교제를 기뻐하면서 자랄 수 있었기에 이제는 단 위에 서서 하나님 아버지의 말씀을 전하고 계신지도 모르겠습니다.

항상 즐거움으로, 웃음 가득한 얼굴로 모두를 대하시는 손상득 목사님은 참으로 기쁨이 가득한 분이십니다. 수년 전부터 위암으로 위 절제수술, 대장암 수술, 그리고 항암치료를 받으시면서 기운도 많이 떨어지고 힘이 드실 텐데 한 번도 불평을 하지 않으셨습니다. 오히려 하나님 아버지께서 데려가지 않으시는 것을 보면 이 땅에서 할 일이 아직 많은가 보다 하시면서 더 많은 하나님 나라를 만들기 위한 일들을 시작하셨고 지금도 열심히 그리고 즐겁게 하고 계십니다.

수요일 점심시간이면 밥 먹는 속도가 느린 저와 목사님만이 끝까지 식탁에 남게 되는 일이 종종 있습니다. 그렇게 둘이 남게 되어 시작한 이야기가 고향 이야기, 화수동 만석동 이야기였습니다. 같이 이야기를 듣던 권사님이나 전도사님들은 잘 이해할 수 없다는 표정으로 목사님을 바라보았지만, 저는 제가 살아보았던 곳이기에 생생하게 그려볼 수 있었고 목사님 말씀에 신나게 맞장구를 칠 수 있었습니다. 그 뒤부터 저와 목사님은 만석동 화수동 동창생이 되었습니다.

이렇듯 활기찬 점심시간을 보내고 나면 사라회 어르신들의 공동 기도 시간이 이어집니다. 혹시 남게 되는 반찬과 밥은 혼자 지내시는 사라회 어르신들을 위하여 최 권사님과 장 권사님이 정성스레 싸두십니다. 설거지와 모든 마무리가 끝나면 주방은 조용해지고 사라회 어르신들의 힘찬 기도 소리만이 교회 안에 가득합니다. 하나님 아버지께서 참으로 기뻐하시는 기도 소리입니다.

얼굴이 꼬질꼬질한 아이들이 뛰어놀고

소란스러움도 많았던 동네였지만

적게 가진 사람들이 함께 나누고 의지하며 행복하게 오순도순

살아가던 동네였습니다.

크게 욕심내지 않고 자족하며 소박하게 살아가는

그런 동네였습니다.

어찌보면 가난하였으나 따스했던 삶 속에서

물질적 어려움에 굴하지 않고 예수님과의 교제를 기뻐하면서

자랄 수 있었는지도 모릅니다.

아버지……

얼마 전 제 아버지가 다치셨습니다. 빗길에서 걸어가시다가 넘어져서 목등뼈 2, 3번이 심하게 골절되는 사고를 당하셨습니다. 친구와 저녁 약속 장소로 가는 도중에 아버지로부터 걸려 온 전화를 받았는데 전화기 너머에서 낯선 남자의 목소리가 들리는 순간 제 가슴은 철렁하였습니다. 병원 응급실에 아버지를 모시고 간 경찰관이 전화를 걸어 제게 알려 주었습니다.

정수리 부분을 몇 바늘 꿰매고 응급실에 누워 계신 아버지는 눈물이 그렁그렁한 눈을 껌벅거리면서 그저 저를 바라볼 뿐이었습니다. 살아 계심에 감사드렸습니다. 병원에 입원실이 없어 우선 집으로 모셨는데 아버지는 목 아래로 전혀 감각을 느끼지 못하셨습니다. 뭔가 잘못되었다 싶어 다시 119를 불러 대학병원으로 향하였습니다. 자신이 몸을 전혀 움직일 수 없다는 사실을 인정할 수 없었던 아버지는 섬망 증세가 나타났고 온 병동이 떠나가라 소리를 지르며 간호사들에게 욕을 하고 악을 쓰기 시작했습니다. 이런저런 검사를 하고 수차례 정밀 사진을 찍고 나서야 목등뼈 2, 3번 골절이 발견되었으나 아버지의 섬망증세로 수술할 수가 없었습니다. 더 시간이 지체되면 평생을 이렇게 누워 보낼 수도 있다는 의사의 이야기에 수술을 결정하였습니다. 목등뼈 골절 고정 수술을 무사히 마쳤으나 척수 신경 손상이 많은 탓에 팔과 다리 마비 증상은 쉽사리 풀리지 않고 있습니다. 무력하게 침대에 누워 밥 먹는 일과 대소변 보는 일을 온전히 남에게 의존해야 하는 아버지를 바라보며 마음에 바윗돌이 하루에 하나씩 늘어나고 있습니다.

아버지는 팔십 평생 목수로 살아오셨습니다. 대학 시절 학내 시위와 관련하여 구속된 저를 면회 오신 아버지의 흰 머리칼은 지금도 기억 속에 또렷합니다. 똑똑하다고 온 동네에 자랑하고 다녔던 당신의 큰딸이 철창 안에 갇혀 파란 수의를 입은 모습을 차마 볼 수 없었던 아버지는 제가 수용된 지 석 달 만에 면회 오셨습니다. 희뿌연 유리창 바깥으로 보이는 아버지는 한겨울인데 얇은 가을 잠바를 입고 계셨습니다. 석 달 사이에 아버지 머리칼은 당신의 시커멓게 타 버린 속만큼 그렇게 하얀 백발로 변해버린 것이었습니다. 저는 너무도 놀라고 너무 죄송하여 아무 말도 못 하고 눈물만 펑펑 흘렸습니다.

"배고프지? 네가 좋아하는 빵이랑 우유 몇 개 사서 넣었다. 방에 너만 혼자 있는 게 아니고 여럿이 함께 있다면서? 나누어 먹으렴."

"아버지 날씨가 추워요. 겨울 잠바 입고 다니세요. 감기 걸리시면 안 돼요."

그렇게 아버지를 보내고 돌아온 저는 이틀을 꼬박 앓고 말았지요. 석 달 만에 백발이 되어버린 아버지의 머리칼이 제 가슴에 박혀서 한동안 빠지질 않았습니다.

고되고 힘든 하루의 노동을 마치고 집으로 들어오시는 아버지는 늘 제 약국에 들르셨습니다. 혼자 오기도 하셨지만 함께 일하는 동료와 같이 오실 때가 더 많았습니다.

"자, 어여 들어와. 우리 딸내미 약국이야. 거기 편히 앉아. 미선아, 여기 피로회복제 제일 좋은 것으로 한 병씩 싹 돌리렴."

시원한 피로회복제 한 병을 맛있게 드시고 나면 당신의 무거웠던 어깨가 사뭇 가벼워졌노라고 허허허 웃으시며 좋아하셨습니다. 함께 오신 아저씨들도 더불어 환한 표정을 지으셨고 제 약국 안은 행복한 미소로 가득 찼습니다. 당신이 하시는 일을 부끄러워하지 않으시고 세상 앞에 늘 당당한 아버지가 참 좋습니다.

할머니가 일찍 돌아가신 탓에 어릴 적부터 집안일을 돌봐야 했던 아버지는 온 동네에 영특한 아이라고 소문이 났지만 집안 형편 탓에 상급학교에 진학할 수가 없었습니다. 무작정 서울로 올라온 아버지는 절대 만만하지 않았던 세상과의 싸움을 홀로 온몸으로 감내하며 한 발 한 발 나아왔습니다. 아버지는 이 세상에 믿을 것이라고는 당신 자신밖에 없었노라고 늘 말씀하셨습니다. 진흙탕 속에서 뒹구는 당신에게 손 내민 사람은 아무도 없었다고……. 그런 아버지께 하나님의 말씀을 나누면 아버지는 강하게 항의하셨습니다.

"내가 그렇게 힘들었을 때, 사흘 동안 밥 한 톨 구경하지 못해 남의 집 부엌에서 차디찬 김치밥을 눈물로 훔쳐 먹을 때, 하나님은 왜 구경만 하고 있었지? 그때 하나님, 그래 네가 말하는 사랑의 하나님은 어디 계셨던 거냐구!"

그 또한 하나님 아버지께서 자식을 아끼시는 사랑 방법의 하나임을 저는 알고 있지만 아버지께 이 전부를 설명해드리기는 어려운 일이었습니다. 지난겨울 어머니가 갑자기 세상을 떠나셨을 때, 어머니 생전에 하나님 아버지의 귀한 말씀을 어머니와 함께 나누지 못했음이 제게 너무나 큰 회한으로 남아 있습니다. 병원 응급실에 온몸이 마비되어 꼼짝 못 하고 누워 계신 아버지는 혼미한 중에도 "미선아, 미선아, 나 아직 죽기 싫어. 무서워."라고 하시면서 잔뜩 공포에 질린 얼굴로 저를 바라보셨습니다.

이제 하나님의 귀한 말씀을 아버지와 함께 나누고자 합니다. 신산했던 제 아버지의 삶을 오랫동안 지켜보셔서 잘 알고 계신 하나님 아버지시여. 이제 당신께로 한 발 한 발 나가는 제 아버지께 평안하고 깊은 하나님 아버지의 말씀을 들을 수 있는 귀를 허락하여주시옵소서. 그리하여 그 삶의 마지막이 가득할 수 있도록 제 아버지의 두 발이 하나님 아버지께로 갈 수 있게 허

미아리 서신

락하여주시옵소서. 제 아버지가 진흙탕 속에서 뒹구실 때 쓰러지지 않게 사랑의 손으로 하나님 아버지께서 잡아주셨음을 제 아버지가 깨닫게 하시옵소서. 제 아버지가 자신의 삶이 하나님 아버지의 크신 축복으로 오늘까지 이어져 왔음을 입으로 고백하는 영광을 허락하여주시옵소서. 아멘.

아버지는 팔십 평생 목수로 살아오셨습니다.
당신이 하시는 일을 부끄러워하지 않으시고
세상 앞에 늘 당당한 아버지가 참 좋습니다.

 잣죽과 감자탕

가을인가 했더니 어느새 겨울이 턱 앞까지 와 있는 그런 느낌입니다. 동틀 무렵 살포시 열려 있는 창문 틈새로 느껴지는 알싸한 기운은 겨울을 코끝으로 전해줍니다.

저는 요즘 좀 힘든 시간들을 보내고 있습니다. 지난번 아버지의 사고 이후 입원과 수술 그리고 재활치료로 이어지는 과정이 석 달째인데, 바짝 말라버린 몸과 마음이 저에게 좀 쉬어가라고 이야기하는 것을 제가 모른척해버렸습니다. 이런저런 벌인 일들도 많고, 하던 사회복지사 공부도 미룰 수가 없어서 이를 악물고 버티어내자 마음을 먹었지요.

제 몸에서 나오는 이야기를 안 듣다가 기어코 고생이 시작되었습니다. 건강한 체질을 자랑하고 살았는데 얼마 전부터 위궤양 증세를 보이고 있습니다. 새벽녘 심한 위 통증으로 잠이 깨어 겨우 일어나 약을 챙겨 먹고 따스한 찜질을 한 뒤 겨우 잠들기를 며칠째 반복하고 있습니다. 덕분에 입맛은 떨어지고 얼굴 또한 까칠해지고 말았습니다.

그러다가 불현듯 어머니가 끓여주시던 잣죽이 먹고 싶어 어찌할 수 없는 허탈함에 그야말로 몸 상태는 더 나빠지고 말았지요. 혼자 죽을 끓여 먹자니 죽을 끓여본 적도 없고 괜히 처량하기도 하여 주저하고 있는데 약국 문이 빼꼼히 열리더니 장 권사님이 환하게 웃으시며 들어오셨습니다. 권사님 손에는 하얀 종이 쇼핑백이 들려 있었습니다.

"요즘 밥도 제대로 못 먹었지? 얼굴이 영 안 좋길래 우리 구역 예배 끝나고 저녁 먹으러 죽 집에 갔다가 생각이 나서 한 그릇 사왔지. 자, 어여 한술 떠. 잣죽이야. 잣죽 좋아하지?"

어머니의 손길이 제 몸을 스쳐 지나가는 듯했습니다. 곱게 간 잣을 넣어 끓인 뽀얀 잣죽 한 그릇이 짠 하고 거짓말처럼 나타났습니다. 하나님 아버지 감사합니다. 고소하고 따스한 잣죽을 정말 맛있게 먹었습니다. 죽 한 방울도 남기지 않고 깨끗이 싸아악 비웠습니다. 스트레스와 피로에 시달리던 제 위장도 장점순 권사님의 사랑을 알았는지 많이 좋아졌습니다. 장점순 권사님 고맙습니다.

저를 향하시는 하나님 아버지의 따사로운 손길은 다음 날에도 이어졌습니다. 씩씩한 소망집 이모가 감자탕을 끓였다고 먹어보라고 한 그릇 가져왔습니다. 우거지를 야들야들 삶아 집 된장으로 맛깔나게 버무려서 돼지 등뼈와 통감자를 함께 삶은 고춧가루와 청양고추의 얼큰한 맛이 가득한, 정말 맛있는 감자탕이었습니다. 역시나 어머니의 손길이었습니다.

제 어머니가 만든 감자탕을 제게 맛보게 해주신 소망집 이모는 미아리 집창촌에서 야식 장사를 하시던 분인데 얼마 전부터 골목 입구에 작은 반찬가게를 시작하셨습니다. 저녁 8시에 시작하여 아침 8시까지 한밤을 꼬박 세워 장사합니다. 충무 김밥과 순대, 떡볶이, 만두 등을 직접 만들고 빚어서 손수레보다 좀 더 큰 마차에 가득 싣고 나갑니다. 어묵을 끓이고 순대를 볶으려면 두 개의 가스난로와 들통, 프라이팬이 있어야 해서 마차의 무게만 해도 꽤 나가는데 밤새 그 무거운 마차를 끌고 소망집 이모는 행복하게 미아리 집창촌 골목을 누비고 다니십니다.

"이 세상에서 제일 맛있는 떡볶이 왔어요. 직접 만든 순대와 야채로 맛있게 볶은 순대야채 볶음이요."

깔끔한 간식으로 미아리 집창촌 사람들의 피곤한 입맛을 달래주고, 밤낮을 바꿔 사느라 김치 담그고 국 끓이는 일조차 버거운 사람들에게 쫄깃한 찹쌀밥과 해장국 또는 육개장으로 무거운 일과를 살포시 내려놓게 해줍니다. 제철에 나는 재료를 이용하여 맛있는 반찬을 만들어 팔고 있습니다. 제 약국이 끝나는 아홉 시쯤이면 어김없이 전화하십니다.

"자기야, 저녁 먹고 가."

덕분에 제 저녁 시간은 조금 늦어지고 있습니다. 제대로 된 식탁도 없이 커다란 나무 도마 위에 이모의 정성이 가득 담긴 갖가지 반찬들이 이 모양, 저 모양으로 올려져 있는 아주 행복한 저녁 시간입니다. 누군가가 나를 위하여 챙긴 음식을 마주하는 일은 참으로 마음 가득해지는 소중한 일입니다. 소박한

저녁 밥상 덕분에 제 무거운 일상이 조금 덜어지곤 한답니다.

사랑하는 가족을 위하여, 혹은 얼굴은 모르지만 이 음식 먹고 힘을 내서 고단한 삶을 헤쳐나갈 그 누군가를 위하여 배추를 다듬고 감자를 깎는 손은 참으로 위대한 손입니다. 자신의 손을 움직여 음식을 만드는 일은 세상에서 가장 소중한 일입니다. 손길 없이 그냥 두면 버려지고 말 배추와 감자가 하나님 아버지의 귀한 축복을 받은 그 손길과 만나 맛깔스러운 김치가 되고 얼큰한 감자탕이 되기도 합니다.

무거운 것들을 많이 드는 데다 쉬지 않고 일하여 온몸의 근육은 늘어나 있고, 종일 추운 데서 일을 하느라 따스하게 앉아 보지도 못하고, 종종걸음으로 하루를 살아야 하는 그런 분들의 삶은 세상의 잣대로는 아주 작고 초라해 보일지도 모르겠습니다. 그러나 하나님 아버지께서 재시는 잣대로는 아마 그 끝을 볼 수 없을 것입니다. 너무 길고 길어서……

그분들의 손과 발에 새로운 생명의 기운을 불어넣는 축복을 허락하셨고 여기까지 이끌고 오신 이가 바로 하나님 아버지이십니다. 하나님 아버지께서는 이렇게 크신 축복을 허락하시기 위해 장 권사님과 소망집 이모의 어린 시절을 그리 큰 환난 속에서 살게 하셨습니다. 환난이 소망의 다른 이름이라는 것을 채 알지 못하는 어린 소녀들이 행여나 지쳐 버릴까봐 노심초사하며 하염없이 살펴주셨던 하나님 아버지의 크신 사랑에 감사드립니다. 이제 그 소녀들이 자라 누군가의 아내가 되었고, 누군가의 엄마가 되어 힘들게 살고 있습니다. 하나님 아버지의 크신 사랑을 알고는 있지만 팍팍한 삶이 거센 파도처럼 밀려올 때 불쑥 원망이 솟아나기도 할 것입니다. 잘 알지 못하고, 많이 부족한 그러나 하나님 아버지께서 사랑하시고 이제껏 품어오셨던 두 분. 하나님 아버지, 당신께서 축복의 손길로 쓰고 계시는 두 분의 건강을 지켜주시옵소서. 그분들의 손과 발을 통하여 하나님 아버지의 사랑하는 마음이 아직도 사랑에 목말라하는 많은 사람에게 전해질 수 있도록 이끌어주시옵소서. 아멘.

그 누군가를 위하여 배추를 다듬고 감자를 깎는 손은
참으로 위대한 손입니다.
자신의 손을 움직여 음식을 만드는 일은
세상에서 가장 소중한 일입니다.

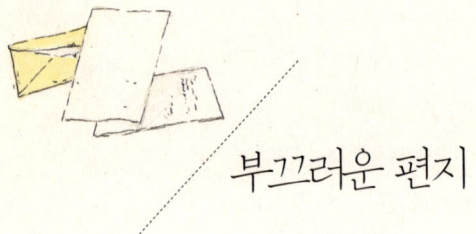

부끄러운 편지

출근 시간에 자연스럽게 손이 가는 두툼한 외투와 머플러가 겨울이 왔음을 알리고 있습니다. 유리창 너머 깊이 들어오는 햇살과 이야기는 잘하고 계시는지요? 겨울의 포근한 햇살은 우리 뼈를 튼튼하게 만들어주고, 가장 치명적인 겨울 건강의 적인 우울증을 치료하는 힘을 가지고 있습니다. 우울하고 맥이 다 풀리면서 암담해지는 순간이 올 때에는 약간 땀이 날 정도로 몸을 움직이고, 겨울의 햇살 아래에서 해바라기 하는 것이 좋은 치료 방법의 하나입니다. 이래저래 쓰임새가 많은 겨울 햇살은 참으로 귀한 하나님 아버지의 선물이랍니다.

올봄 저랑 인연을 맺었던 재형이와 경호, 준영이도 하나님 아버지께서 제게 주신 귀한 선물입니다. 아이들은 일 년 동안 잘 자랐습니다. 키도 조금씩 컸고 마음도 조금씩 자랐고 세상을 보는 눈도 조금씩 넓어졌습니다. 지난 토요일 점심은 아이들과 함께했습니다. 지글거리는 숯불에 돼지갈비를 굽고 아이들이 먹기 좋게 자르니 아이들 입이 쉴 새 없이 오물거립니다. 추위에 굳었던 아이들의 얼굴이 환하게 피었고 참으로 행복하였습니다.

재형이와 경호는 아르바이트하면서 좋은 취직자리를 열심히 찾고 있습니다. 아직은 세상을 잘 모르고 삶의 팍팍함을 알지 못하는 아이들이라서 어찌 넘을까, 어찌 견딜까 걱정이 되기도

하지만 그 또한 아이들이 자라면서 넘어야만 하는 고개이고, 아이들의 몫입니다. 준영이는 대학 진학을 원하였으나 잘 안 되어 일 년 더 공부한다고 하였습니다.

아이들의 용돈과 생활비를 후원하는 일은 이제 마무리하려고 합니다. 아이들에게 향하는 하나님 아버지의 크신 사랑을 아이들이 깨달아 자신들의 삶 가운데 만났던 따스한 기억들을 가슴 깊은 곳에 차곡차곡 쌓아 놓기를 기도하였습니다. 쌓여 있는 사랑의 블록들이 아이들의 삶을 지탱해 주기를 원합니다. 남아 있는 게 눈물밖에 없을 때, 무너져 내리는 삶의 자락들을 그저 바라볼 수밖에 없을 때, 왜 나를 낳았느냐고 자신의 부모들을 원망하는 절망의 순간이 아이들의 삶의 길 가운데 그림자처럼 살며시 다가왔을 때, 수년 전 자신이 받았던 귀한 사랑의 블록들을 꺼내어 보았으면 좋겠습니다.

재형이와 경호와 준영이는 폭탄을 지고 간다는 십 대의 마지막 가장 힘들었던 때에 귀한 산타클로스를 만났습니다. 진심 어린 기도와 관심 그리고 사랑이 가득 담긴 후원을 보내주신 분들이 바로 이 아이들의 산타클로스입니다. 고맙습니다. 감사합니다.

성탄절을 맞이하여 저희 교회 마당에 커다란 크리스마스트리가 세워졌습니다. 예수 그리스도가 오심을 축하하는 꼬마전

등들이 교회 마당 커다란 느티나무에 아롱다롱 꽃처럼 피어 깜빡이면서 이곳 미아리 성매매 집창촌의 힘겹고 무거운 그늘을 예쁘고 환하게 그리고 즐겁게 밝히고 있습니다. 올 한해는 어떻게들 보내셨는지요? 유난히 길었던 여름 장마만큼 지루하고 우울했던 올해가 이제 그 마지막을 향하여 가고 있습니다. 아버지의 사고와 입원이 제겐 가장 힘들고 무거운 일이었습니다. 아들아이가 무사히 군 생활을 마치고 학교에 복학하여 학교생활을 열심히 하는 기쁜 일도 있었지요.

준영이 엄마에게도 올 한해는 참 힘들었습니다. 간에 생긴 작은 혹을 제거하기 위해 보름을 입원하였고 그 탓에 다니던 직장을 갑자기 그만두고 일을 쉬게 되었습니다. 한 달 벌어 한 달 사는 준영이네 가족에게는 아주 큰일이 일어났고, 쪼들리는 살림살이에 그저 손 놓고 멍하니 있는 준영이 엄마를 바라보는 일이 제겐 참으로 가슴 시린 일이었습니다. 이런저런 힘든 일로 허리 상태가 많이 나빠진 준영이 엄마는 어렵사리 구한 새로운 직장을 다니면서 조심조심 살림도 하고 있답니다. 늘 열심히 사는 그녀가 항상 밝음을 지닐 수 있음이 얼마나 감사한 일인지 모르겠습니다.

올해를 보내면서 부끄러운 기억 중의 하나를 이제 이야기하려 합니다. 너무나 죄송스런 마음을 표현해야 하는 일이기에 글

3부.

을 쓰는 손길이 더디어짐을 느낍니다. 신문에 실린 제 글을 읽고 귀한 편지를 보내주신 분이 있었습니다. 전주 교도소에 계신 분이었고, 여러 장의 편지지 속에 담긴 그분의 진심을 읽어내는 일은 그리 어렵지 않았습니다. 제가 아버지에 관한 이야기를 쓴 글을 읽고 편지를 쓰고 싶었다는 내용과 함께 시작된 편지였습니다. 그분의 편지는 자신의 신산한 삶 가운데 하나님 아버지를 만나고 싶다고 그 길을 제가 알려주면 좋겠다는 이야기를 전하고 있었습니다.

꽤 오랜 시간 고민을 하였습니다. 어떻게 답장을 써야 하나……. 조금은 버거웠고 무거웠습니다. 많이 미욱한 제 신앙을 미쁘게 봐주신 그분이 참으로 고마웠습니다. 제가 다른 누군가의 신앙을 열어주고 이끌어 나가기에는 부족함이 많은 사람이어서 그리할 수 없노라고 그렇게 답장을 보냈습니다. 얼굴을 뵌 적도 없는 분이기에 많이 송구스러웠습니다. 신앙의 이름으로 나서는 일이 제게는 참으로 어렵습니다.

저에게 있어서 신앙이란 곧 살아가는 삶입니다. 제 삶이 예배가 되는 그런 삶을 살고 싶습니다. 크고 거창한 주제들을 앞세우고 가는 일은 제게 불편한 일이기에 익숙하지 않습니다. 소박하고 작게 제 삶 가운데서 한 땀 한 땀 바느질을 하듯이 그렇게 살아내고 싶습니다.

아직도 세상 대부분은 하나님 아버지께서 이루시고자 하는 것과는 많이 다른 모습으로 살아가고 있으며 앞으로도 그럴 것 같습니다. 이는 우리가 직접 풀을 뽑으며 가야 하는 산골길이 아니라 넓고 편한 아스팔트 길을 가기 때문입니다. 힘들게 자신을 곧추세우기보다는 편하게 가고 쉬기 위해 눕고 싶어 합니다. 세상 가운데 오래 살다 보니 우리 몸에 밴 세상의 진리입니다. 힘들고 어려운 하나님 아버지의 진리와 편하고 쉽고 달콤한 세상의 진리는 우리네 기나긴 삶의 여정 그 처음부터 끝까지 싸우고 있습니다. 삶은 전쟁입니다.

작년 여름 제주도 올레길을 걸었습니다. 바다와 잇닿은 바위 위에 방부목으로 멋있게 올레길을 만든 곳이 있었고, 계곡과 바다가 만나는 절경의 경치를 가로지르는 환상적인 올레길도 있었습니다. 멋진 길과 환상적인 길을 연결하기 위하여 사람이 다니던 길이 아닌 말이나 염소 같은 동물들이 다니던 길을 내어 연결한 곳이 있었습니다. 한 사람이 겨우 지날 수 있을 만큼 좁고 험한 길이었습니다. 길바닥은 온갖 돌들로 울퉁불퉁하고 옆에는 돌담 혹은 나무들로 막혀 있어 찌는 더위 속에서 오직 앞만 보며 헉헉거리면서 걸었습니다. 여기서 쓰러질 수는 없었기에……

아직도 세상 가운데서 우리가 가야 할 길이 험하고 멀기만 합니다. 그 길을 우리 앞에 펼쳐주시는 이가 바로 하나님 아버지이십니다. 그 길을 씩씩하게 걸어갈 수 있는 용기를 주고 계시는 이도 하나님 아버지이십니다. 당신의 아들딸들이 그 길을 포기하지 않고 끝까지 걸을 수 있음을 믿으며 기다리시는 이도 하나님 아버지이십니다. 그 길을 걷는 동안 우리 손을 꼭 잡고 계신 이가 하나님 아버지임을 고백할 수 있어서 행복합니다. 하나님 아버지 고맙습니다.

두렵지만 가야 할 길

모처럼 겨울 대청소를 하였습니다. 지금 사는 집에서 십 년 넘게 살다 보니 이런저런 살림살이가 꽤 많아졌습니다. 늘 쓰고 꼭 필요한 것도 있지만, 수년이 지나도 손길 한 번 닿지 않았던 살림살이들이 눈에 거슬리고 불편하기도 하였지요. 하여 맘 먹고 정리하였습니다. 누군가에게 소용이 있음 직한 것들은 잘 손질하여 아름다운 재단에 기부하고, 그렇지 않은 것들은 과감히 버렸습니다. 살림살이를 정리하고 나면 몸과 마음이 가벼워지고 참 행복합니다.

우리네 삶 가운데서 시시때때로 만나게 되는 감정의 흔적들도 깨끗이 청소하고 내려놓을 수 있으면 좋겠습니다. 눈에 보이는 살림살이를 정리하는 일은 그리 어렵지 않게 할 수 있는데, 감정의 살림살이를 정리하고 버리는 일은 많이 어렵습니다. 버렸다고 생각했는데 저만치 가다 보면 어느새 또 양손 가득 들고 헉헉거리고 있는 저 자신을 발견하게 됩니다. 자신을 만들어가고 채우는 일에 어려운 사람들이 여기저기 감정의 보퉁이들을 끌어안고 무겁게 살아가고 있음은 가벼워지는 것에 대한 두려움을 가지고 있기 때문입니다. 가벼워지고 낮아지고 맑아지는 삶이 어렵고 힘들 거라는 생각에서 비롯된 두려움. 사실 어렵고 힘든 길입니다. 우리가 모두 가야만 하는 길이기도 합니다.

작년 가을 군대에 가야 할 나이가 된 준영이 형이 심리상태가 좋지 않아 신경정신과 검진을 해보니 우울증이라는 진단이 나왔습니다. 대학을 휴학한 뒤 상담심리치료를 받기 시작했지만 좀처럼 호전될 기미를 보이지 않았습니다. 지난 연말에는 열흘 넘게 잠적하고 전화조차 받지 않는다면서 전화선 너머로 준영이 엄마의 울음소리가 들려 왔습니다. 어렵게 전화 추적을 해보니 그 녀석은 다니던 대학 근처 아는 선배 자취방에서 지내고 있었고 자기는 이게 행복하니까 걱정하지 말라는 문자만 한 통 보내고 말았답니다. 힘든 어린 시절을 보낸 아이들에게 항상 미안해하는 그녀의 가슴은 다 타고 재만 남은 삭정이가 되고 말았습니다. 아무리 힘들어도 생업을 놓을 수 없는 그녀의 타는 목줄기가 눈앞에 아른거렸습니다.

　밑반찬과 간식을 만들어 파는 소망집 이모는 어려워지는 살림살이에 날로 무거워져가고 있습니다. 불경기인 탓에 장사가 잘 안되고 여기저기 외상도 많이 깔려 있어 수금은 되지 않고 정말 못 살겠다고 불평을 터트릴 때면 종종 육두문자가 따라오곤 한답니다. 밤 12시에 시작해서 새벽 3시에 끝나는 그녀의 장사는 따끈따끈한 어묵, 떡볶이, 만두, 순대 따위를 가득 싣고 야외용 가스레인지와 가스통까지 보탠 초록색 손수레와 더불어 시작됩니다. 얼굴과 발 그리고 손등까지 동상에 걸린 그녀는 무거운 손수레만큼이나 버거운 자신의 삶에 관해 이야기를 할 때면 늘 무책임했던 부모에 대한 원망부터 쏟아냅니다. 제대로 다니지 못한 학교, 제대로 피워보지 못하고 사그라져버린 자신의 이십 대, 그리고 남편과 아이들……. 눈물로 시작해서 눈물로 끝이 납니다. 십 년 동안 집을 나가 가정을 돌보지 않았던 무책임한 남편을 왜 받아들였냐고 물어보니 딸아이 시집보내려고 그랬답니다. 이 모든 이야기들이 눈물과 육두문자로 시작하여 끝을 맺습니다.

미아리 집창촌에서 그녀는 욕쟁이와 쌈쟁이라고 불리지만 결 고운 생명주 같은 여린 마음씨를 지닌 오십 대의 여인이랍니다. 아저씨가 심한 감기몸살에 걸렸다면서 쌍화탕과 최고로 좋은 약을 달라던 그녀의 얼굴은 사랑하는 남자를 걱정하는 여린 여인의 고운 모습이기도 합니다. 그러나 날로 거칠어져가는 그녀의 말투와 모습이 스무 살을 훌쩍 넘긴 아이들한테는 부담스럽고 어찌 보면 부끄러울 수 있는 엄마일지도 모르겠습니다. 십 년 만에 만난 아버지가 도저히 용서 안 되었던 아이들은 그 모든 원망을 엄마에게 쏟아부었습니다. 비록 서로의 마음을 긁어 상처를 내고 있지만 그들의 마음 깊은 곳에는 서로에 대한 깊은 애정이 흐르고 있었습니다. 아이들에게 그간의 사정을 조곤조곤 말하려 해도 번번이 버럭 고함으로 끝나고 만다면서 그녀는 자신은 왜 이리 미련하냐고 가슴을 펑펑 때리곤 합니다.

무책임한 자신과 자신의 남편, 즉 부모 때문에 상처받고 살았던 아이들의 어린 시절에 대한 미안함이 많은데 왜 그걸 말로 하지 못하는지. 그녀가 부모에 대해 가졌던 원망을 그대로 아이들도 가지고 자란다는 사실을 알게 되면서 그녀는 많이 노력하였습니다. 말하기 전에 한 번만 더 생각해보고 말하기, 부드럽게 천천히 말하기, 아이들 입장에서 생각해보기. 한 발 한 발 천천히 나가고 있습니다. 아이들이 달라지는 엄마의 모습을 알아보게 되면…….

아이들과 부모의 길은 서로 어우러져 아름다운 모양으로 나아가기가 참으로 어려운 것 같습니다. 저희와 하나님 아버지께로 온전히 가는 길 또한 이만큼 어려움을 고백합니다. 미욱한 저희를 보면서 가슴 아파하시는 하나님 아버지께로 가는 온전한 기쁨을 누릴 수 있도록 저희 삶 가운데 함께하시길 간절히 원합니다.

우리네 삶 가운데서

시시때때로 만나게 되는 감정의 흔적들도

깨끗이 청소하고 내려놓을 수 있으면 좋겠습니다.

눈에 보이는 살림살이를 정리하는 일은

그리 어렵지 않게 할 수 있는데,

감정의 살림살이를 정리하고 버리는 일은

많이 어렵습니다.

교회에서 만난
반가운 이웃

동네에서 크고 작은 도난사고가 자주 생기고 있습니다. 좀도둑을 견디다 못한 가게들이 감시카메라를 달았으나 별 소용이 없었습니다. 반찬가게를 하는 소망집 이모는 잃어버린 커다란 스테인리스 국솥을 찾겠다고 온 동네 고물상을 다 뒤지고 다녔으나 끝내 찾지 못했습니다. 추운 날씨에 발 동동거리며 다녀 얼굴이 발갛게 얼어버린 이모에게 따스한 차 한 잔을 손에 쥐어 주었습니다. 당장 국솥을 사려면 몇만 원이 있어야 하는데 어쩌면 좋으냐고 끌탕을 하면서 가는 두꺼비 이모의 어깨가 유난히 더 좁아 보였습니다.

깊고 추운 겨울, 어떻게 보내고 계십니까? 저는 지난해 일 년 동안 해오던 사회복지학 공부를 마무리하여 사회복지사 2급 자격을 드디어 취득했습니다. 무언가를 해냈다는 뿌듯함에 잠시 마음이 두근거렸습니다. 한 발 한 발 하나님 아버지의 길로 나아가고 있음에 감사했습니다. 1급 사회복지사 자격증을 취득하기 위한 국가자격시험준비도 같이 했습니다. 정말 오랜만에 하는 시험 준비라서 외우는 일이 조금 힘이 들었습니다. 고여 있던 샘물이 바닥까지 소용돌이치면서 조금은 혼란스러웠지만 그 혼란함이 산뜻하기도 한 그런 느낌을 받았습니다. 새로운 즐거움을 제게 알려주신 하나님 아버지께 감사드리며 이 추운 겨울을 버티고 있습니다.

제가 섬기고 있는 한성교회는 하월곡동 성매매 집창촌으로 들어가는 골목 입구에 있습니다. 성매매 집창촌에서 가장 가까운 교회이긴 하지만 이곳에서 일하는 사람들에게 저희 교회의 문턱을 넘는 일은 참으로 어렵습니다. 무엇보다 자신을 받아들이지 못하는 마음이 다른 사람들과 어울리는 것을 힘들게 만듭니다. 교회라는 공간도 예외는 아니지요. 지고 가는 삶의 무게가 너무 무거워서 자신 외에는 어떤 것도 눈에 보이지 않고, 그 무엇도 마음에 담지 않고 사는 사람들에게 하나님 아버지의 따스한 사랑을 알리는 일이 무엇보다 중요하지만, 삶의 여백 한 자락 없는 그 사람들에겐 버거운 일입니다. 주방에서 일하는 이모나 마담 일을 하는 이모들이 저희 교회에서 함께 예배 드리는 일은 종종 있지만 아가씨로 일하는 친구들이 예배를 드리는 일은 거의 없었습니다.

사회복지관 실습을 해야 했던 작년에는 오전 9시 예배를 주로 드렸는데 참석하는 교인들이 적으니 교인들과의 교제가 적어 항상 아쉬웠지요. 11시 대예배를 드리는 요즘은 오랜만에 반가운 얼굴들을 만나 서로의 안부를 확인하고 마음으로 안아주는 기쁨이 예배의 섬김을 재촉하는 또 다른 즐거움이기도 하답니다. 저처럼 넉넉하신 정계자 권사님은 두 팔 가득 벌려 안아드리고 뺨에 뽀뽀하면 화사한 장미꽃처럼, 십 대 소녀처럼 그렇게 환하게 웃으십니다. 곱게 웃는 눈이 매력적인 김순남 집사는 저를 자극하였던 예쁜 친구입니다. 몇 년 전 같은 구역이 되어 함께 예배를 드리고 교제하면서 서로의 어려움을 이야기하고 삶을 나누었습니다. 교회에서 주일학교 선생님 일을 열심히 하고 가정생활에도 충실한 김순남 집사는 구절초 꽃을 많이 닮았습니다. 화려하지는 않지만 꼭 있어야 하는 꽃. 겉모습이 아니라 존재함으로 다른 사람에게 기쁨이 되는 사람. 저를 좋아해주고 따라주는 김 집사가 참으로 고마웠습니다. 저의 부족함은 누구보다 제가 잘 알기에 더 열심히 살아야겠다는 생각을 하게 되었고 하나님 아버지께 감사드렸습니다. 저렇게 좋은 친구를 제 옆에 허락하시고, 보내주신 분이 하나님 아버지이기 때문이니까요.

얼마 전 대예배시간에는 제가 좋아하는 김은진 청년이 '신 사도행전'이라는 봉헌 찬송을 참으로 은혜롭게 불러 듣는 제 가슴이 가득해졌습니다. 그때 제 옆자리 건너에서 예배 드리는 낯익은 얼굴이 눈에 들어왔습니다. 어디서 봤지 곰곰이 생각해보니 약국에 자주 오던, 성매매 집창촌에서 일하는 친구였습니다. 하나님 아버지 고맙습니다. 지치고 힘든 영혼을 여기까지 손잡아 이끌어주셔서 감사합니다. 순간 울컥하면서 왜 그리 눈물이 솟았는지 모르겠습니다. 그 친구가 이곳에서 겪고 있을 삶의 순간들이 제 머릿속을 지나면서 가슴 한쪽이 무너져버렸던 것이지요. 특송이 끝나고 목사님의 설교시간 내내 눈물이 멈추질 않았습니다. 예배가 끝나고 목사님 축도 시간에 옆에서 바스락거리는 소리가 들려 살짝 눈을 떠보니 그 친구가 성경책과 가방을 챙겨 나가고 있었고, 저는 잘 가라는 눈인사와 다음 주에 또 보자는 손짓을 보냈습니다.

  다음 주 예배시간에 이 층으로 올라가 자리 잡고 앉으니 먼저 온 그녀가 환한 미소로 눈인사하였습니다. 제가 본 그녀는 참으로 예뻤고 행복해 보였습니다.

'하나님은 당신을 사랑하십니다.'

'당신은 축복받은 하나님의 자녀입니다.'

  예배시간 중에 그녀와 제가 서로 주고받았던 축복의 말이었습니다. 목사님 축도와 함께 모든 예배가 끝난 뒤 마치고 가방을 챙겨 나가는 그녀에게 점심 먹고 가라고 살며시 손을 잡았습니다. 눈물이 살짝 맺힌 눈으로 괜찮다고 하면서 총총히 발걸음을 옮겼습니다. 그렇게 그녀는 저희 교회에서 함께 예배를 드리고 있습니다. 환한 얼굴로 찬송가를 부르는 그녀를 보면서 생각했습니다. 그녀를 여기까지 이끄신 하나님 아버지께서 그녀를 향해 품고 계신 깊은 생각을 감히 제가 알 수는 없습니다. 제가 분명히 아는 진리는 그녀를 하나님 아버지께서 많이 사랑하고 계시다는 것입니다. 그리고 그녀도 하나님 아버지를 온몸과 마음을 바쳐 사랑하고 있다는 것입니다. 그녀와 함께 오래오래 하나님 아버지를 만나고 싶습니다.

세상에서
가장 예쁜 손

지금 당신의 손을 한번 살펴보시고 가만히 만져보세요. 느낌이 어떠신지요? 저는 사람을 만나면 그 사람의 손을 유심히 보는 습관이 있습니다. 악수를 할 때에는 그 손의 느낌을 그대로, 제게 말하고자 하는 있는 그대로를 받아들이기 위해 온몸의 감각을 한곳으로 집중하곤 합니다. 그 덕에 많은 사람의 손을 보고 느끼면서 손의 주인이 아무 말을 하지 않아도 그 사람의 삶에 대하여 알 수 있는 축복을 누리고 있습니다.

아주 오래전 이곳으로 이사 온 지 얼마 되지 않았을 때의 일입니다. 약을 사러 오신 아주머니에게 약에 대해 설명을 드리고 있는데, 아주머니는 저를 보시는 게 아니라 판매대 위에 올려진 제 손을 물끄러미 바라보고 계셨습니다.

"약사 선생 손이 참 곱네. 아이고 아주 살이 야들야들하네. 어쩜 이리 고울 수가."

제 손을 만지시는 그분의 손은 껍질 벗긴 삼 줄기마냥, 가뭄에 쩍쩍 갈라진 논바닥마냥 그렇게 거칠었습니다. 제 손에 와닿는 그분 손의 첫 느낌이 그랬습니다. 선박의 돛이나 무엇을 묶을 때 밧줄로 사용되는 마닐라 삼 밧줄. 그 앞에 제 손을 내보이는 것이 괜히 죄송하고 부끄러웠습니다. 아마 그때부터였던 것 같습니다. 손에 대한 관심과 관찰 그리고 애정이 생기기 시작하였습니다. 말로 표현하지 않아도 그 사람의 말 없는 손이 많은 것을 말해주고 있지요.

손에 관한 두번째 기억은 이형종 집사님입니다. 이 집사님과의 인연은 십 년이 훨씬 넘었습니다. 하나님 아버지께서 우리를 얼마나 사랑하고 계시는지 제가 아직 잘 모르고 있던 시절, 이 집사님은 일하시던 공장에서 손가락을 많이 다쳐 산업재해를 당했고 저희 약국 근처 병원에서 치료를 받으며 약을 지으러 오셨습니다. 한쪽 다리를 석고로 고정하고, 손가락 끝도 같이 사고를 당해서 압박붕대로 고정하고 몹시 불편한 모습으로 약국 문을 들어서는 그분의 첫인상은 평화로움이었습니다. 어찌 그리 선한 미소를 온 얼굴에 띨 수 있는지, 그 당시 저는 참으로 궁금하였습니다. 그분은 신앙생활을 하고 계시다는 이야기와 함께, 아내 되시는 분이 수년 전에 중풍으로 쓰러져 반신불수의 상태이며 계속 치료를 받고 있다는 이야기 등 쉽게 꺼내기 힘들 수 있는 자신의 불편한 이야기들을 웃으면서 편안하게 말씀하셨습니다. 나중에 알았습니다. 그분의 선한 미소 뒤에 하나님 아버지께서 든든히 버티어주고 계셨음을. 하나님 아버지께서 그분의 막강한 '빽'이었음을. 그분의 막강한 '빽'이신 하나님 아버지께서 이제는 제게도 막강한 '빽'이 되고 계심을 고백합니다.

그렇게 시작된 이 집사님과 저와의 인연은 산업재해 치료가

미아리 서신

끝난 뒤에도 계속되었습니다. 이런저런 약을 사시러 약국에 자주 들르신 이 집사님의 손을 보게 된 것은 산재를 당했던 손가락 끝이 많이 저리고 아파서 일하기가 힘들다는 말씀을 듣고 나서였습니다. 다친 세 개의 손가락 끝이 아물기는 했으나 새 손톱이 밀고 나오지는 못하였고 상처는 그냥 주머니처럼 오므라져 있었습니다.

크고 두껍고 많이 울퉁불퉁한 이 집사님의 손을 보면서 제 가슴이 철렁 내려앉고 말았습니다. 야들야들한 손 등살이 그렇게 두터워지려면 얼마나 많은 시간을 겪어야 하는지, 얼마나 많은 일을 해야 하는지 저는 부끄러워 짐작조차 할 수 없었습니다. 이 집사님이 걸어온 시간들을 속속들이 알 수는 없어도 긴 세월을 묵묵히 버티어준 그분의 손이 다 말해주고 있었습니다. 삼십 년 이상 노동을 해 온 이형종 집사님의 손은 몸에 딸린 부속물이 아니라 주인 같은 늠름함을 가지고 있었습니다.

이 집사님은 무릎 관절이 산업재해로 손상을 입었고 고관절 기능도 많이 약해져 정상적인 활동이 힘든데도 지금까지 일하고 계십니다. 우리는 몸이 힘들 때면 짜증을 내고 삶이 버거워지면 주저앉기도 하면서 가까운 누군가에게 퍼붓거나 상처주기도 합니다. 그러나 자신의 몸을 움직여 일을 하고 생산을 통해 가족을 섬기며 부양하는 노동이야말로 하나님 아버지께서 이 세상에서 가장 귀히 여기시는 사람의 행위입니다. 이형종 집사님의 노동으로 두꺼워진 손은 하나님 아버지께서 잘했다고 칭찬해주시고 만져주실 그런 귀한 손입니다.

직업상 아픔이 많은 사람을 많이 만나게 되고 이런저런 모양으로 빚어진 그들의 손을 보면서 지난 삶의 이력을 미루어 짐작하며 따스함으로 그들과 대화하기 위해 노력합니다. 그리고 꼭 이야기합니다. 거칠고 험한 당신의 손은 밧줄을 닮았습니다. 고기를 잡으러 넓은 바다에 나간 어선에서 밧줄은 참으로 귀히 쓰이는 물건입니다. 거친 풍랑 속에도 배가 쓰러지지 않고 힘을 받을 수 있게 배와 닻을 묶어주는 밧줄은 고기잡이로 생계를 이어가는 사람들에게 생명줄입니다. 각기 존재하는 다른 두 가지를 연결해 하나로 만들어 힘을 더하기도 하고 새로운 것으로의 쓰임새를 갖기도 합니다. 어찌 보면 사람과 사람 사이에도 밧줄이 있어 서로 연결해주고 서로 소통하게 해줍니다. 참으로 쓰임새가 많은 밧줄을 닮은 당신의 손. 당신의 이 거칠고 투박한 손은 하나님 아버지께서 세상에서 가장 귀하고 예쁜 손이라고 말씀해주신 그런 소중한 손이니까 절대로 구박하지 말고 더 아끼고 사랑하세요. 하나님 아버지의 귀한 마음이 그들에게 꼭 전해지길 바라며 제가 받은 전달자로서의 사명을 잘 완수할 수 있기를 바랍니다.

아름다운 조율

초등학생인 어린 두 조카에게 어린이날 선물로 무엇을 하면 좋을까 챙기는 일에서부터 저의 5월은 시작됩니다. 넉넉지 않은 동생네 살림살이를 빤히 알고 있기에 조카들이 원하는 것이 무엇인지 한 달 전쯤 물어보고 아이들에게 꼭 필요한 것인지, 가격은 적당한지, 조율하지요. 그런데 이게 쉽지가 않습니다.

조카들의 요구는 번번이 엄마 즉 제 올케에 의하여 좌절당합니다. 해로운 장난감이다, 가격이 너무 비싸다, 쉽게 망가질 것이다 등등 좌절의 이유는 아주 다양합니다. 실망한 조카들은 한동안 툴툴거립니다. 아이들이 갖고 싶어 하는 선물을 사는 것은 그리 큰일이 아닌데도 부모와 아이 양쪽을 만족시키는 지점을 찾기 쉽지 않습니다. 그렇게 부모와 자식과의 관계 속에서 서로에게 상처가 되지 않고, 화가 되지 않고, 억울함이 되지 않는 조율. 아름다운 조율은 참으로 어려운가 봅니다.

지난 주일에도 아름다운 조율이 얼마나 어려운지 알게 되었습니다. 여름을 타시는지 날로 까칠해지는 준영이 외할머니께 맛있는 점심대접을 하기로 마음먹고 준영이 엄마와 함께 우이동에 있는 맛있는 밥집을 찾았습니다. 당귀, 방풍, 취나물 등등 우리 땅에서 나는 귀한 먹거리가 상을 가득 채웠고 약초 물로 지은 돌솥밥 또한 아주 맛있었습니다. 위층에 있는 찻집으로 자리를 옮겨 잘 달인 대추차와 당귀차를 마시면서 이야기의 자락을 하나씩 하나씩 풀었습니다.

준영이 외삼촌은 심한 우울증을 앓고 있어서 이 년 전부터 정신병원에 입원하여 아직까지 힘든 치료를 받고 있습니다. 병원비와 이렇게 저렇게 들어가는 돈이 준영이 엄마에게는 큰 부담이 되고 있습니다. 폐지 수거를 하여 생활하시는 준영이 외할머니도 병원비를 보태고는 있지만 그게 언제까지 이어질 수 있을지 알 수 없는 일이지요.

제가 여기저기 수소문해보니 나라에서 도움을 받는 기초수급권자가 될 자격이 되는데, 문제는 준영이 외할머니가 사시는 작은 집이었습니다. 채 열 평이 안 되는 작은 연립인데 처분하자고 운을 띄우기만 하여도 준영이 외할머니는 엄청나게 화를 내시며 싫어하셨습니다. 준영이 외삼촌의 입원이 길어지면서 작년부터 몇 번이나 이야기하려고 했으나 준영이 엄마도, 저도 준영이 외할머니의 싫어하는 반응 때문에 매번 이야기를 접고 말았습니다.

해가 바뀌어도 준영이 외삼촌의 치료는 생각만큼 잘되지 않고 한 달에 한 번 동생의 얼굴을 보고 온 준영이 엄마는 하염없이 눈물을 쏟아내며 힘들어하였습니다. 아마도 그녀를 그리 아프게 하는 것은 나이 마흔에 정신병원 창살 아래 인생의 아름다운 시절을 보내야 하는 동생의 맑은 눈동자일 것입니다.

준영이 외삼촌은 인물이 참 좋습니다. 맑고 착한 눈을 가진 준영이 외삼촌의 우울증은 이십 대 초반 직장생활을 하면서 시작되었습니다. 눈치껏 요령도 피우고 적당히 둘러대면서 살아야 하는 세상살이가 준영이 외삼촌에게는 버거웠습니다. 차곡차곡 마음속에 쌓이기 시작한 답답함과 억울함과 분노들이 물처럼 맑고 빛났던 그의 영혼을 갉아먹었고 우울증이라는 깊은 병마가 자신도 모르는 사이 영혼과 몸 깊이 자리하고 말았습니다. 그렇게 보낸 시간이 십 년. 따스한 차를 마시면서 준영이 외할머니의 손을 간절히 잡고 말씀드렸습니다.

"어머니, 이제는 시간이 없어요. 날로 나빠지시는 어머니의 건강, 얼마나 더 오래 병원치료를 해야 할지 모르는 어머니의 귀한 아들……. 이제 그만 집을 팔고 수급권 신청을 해요, 어머니."

눈가가 붉어지더니 준영이 외할머니께서 말씀하십니다. 준영이 엄마 밑으로 아들이 하나 더 있었는데, 아이들 셋 데리고 월세방을 옮겨 다니느라 집주인 눈치를 어지간히 보면서 살던 시절 그만 연탄가스 사고로 큰아들을 잃어야 했습니다. 그래서 준영이 할머니는 연탄가스가 새지 않는 튼튼한 집, 내 집을 너무나 갖고 싶었다고 합니다. 그래야 먼저 간 아이한테 얼굴을 세울 수 있을 것 같아서 애면글면 어렵사리 장만한 작은 집이고, 그 집이 곧 당신에게는 가슴에 묻은 큰아들이었노라고 차분하게 이야기하셨습니다. 그래서 집을 처분하는 일이 준영이 외할머니에게는 큰아들을 또다시 잃어야 하는 아픔이었던 것이지요.

몰랐습니다. 준영이 엄마도 처음 듣는 이야기라 얼굴이 굳어졌고 다탁 위에 놓인 찻잔을 드는 손이 떨리고 있었습니다. 어린 동생의 죽음은 준영이 엄마에게도 아픈 상처라 헤집지 않으려고 준영이 외할머니는 그 긴 세월을 살면서 큰아들 이야기를 꺼낸 적이 없었습니다. 당신의 작은 집에 아들을 묻고 평생을 사신 어머니······. 많이 송구스러웠습니다. 말로 꺼내어 입에 올리기가 쉽지 않았을 터인데 입을 열어주신 어머니께 감사드렸습니다. 어머니를 쳐다보면서 준영이 엄마는 하염없이 눈물을 훔치고 있었습니다. 어머니를 그저 답답하고 고리타분한 할머니라고만 생각하였던 자신이 부끄럽고, 어머니 가슴에 맺혀 있는 큰 응어리도 알아채지 못한 자신이 죄송하다면서 준영이 엄마는 말을 잊지 못하였습니다.

준영이 할머니께서 이제는 그 짐을 삶의 실타래 언저리 쪽으로 살포시 내려놓으면 좋겠습니다. 아픔은 딛고 나아가라고 하나님 아버지께서 우리에게 주신 선물이니까요. 아픔이라는 선물 보따리를 열심히 들고 가다가 때가 이르면 내려놓을 힘을 하

미아리 서신

나님 아버지께서 우리에게 주고 계시니까요. 하나님 아버지의 크신 축복이 준영이 외할머니를 여기까지 이끌어오셨음을 잘 알고 있습니다. 이제 오랫동안 함께해왔던 아픔을 내려놓을 수 있도록 하나님 아버지께서 인도하여주시길 간절히 원합니다. 어머니에 대한 서운함이 길었던 준영이 엄마가 그만큼의 눈물을 쏟아내었고 이제는 어머니를 받아들일 수 있게 인도하신 하나님 아버지께 감사드립니다. 자신의 부족함을 자책하지 않는 현명함을 준영이 엄마에게 허락하여주실 것을 간절히 원합니다. 버릴 수 있는 지혜와 포기할 수 있는 용기를 허락하여 주실 것을 간절히 원합니다. 아픔과 더불어 살 수 있는 저희가 될 수 있도록 인도하여주시는 하나님 아버지 고맙습니다.

서로에게 상처가 되지 않고,

화가 되지 않고,

억울함이 되지 않는 조율.

아름다운 조율은 참으로 어려운가 봅니다.

노란 복수초를 닮은 그이들

겨우내 팍팍하게 마른 땅을 포근히 적셔주는 봄비가 미아리 성매매 집창촌 골목을 가득 덮은 검붉은 비닐 천막 위에도 내려 또르르 골목길까지 흐르고 있습니다. 새로운 씨앗을 잉태할 저 아랫녘 남도의 보슬보슬한 밭고랑에도 하나님 아버지의 귀한 선물인 봄비가 내리고 있겠지요. 하늘 아래 있는 세상 모든 것들은 하나님 아버지의 사랑으로 소중하게 만들어졌기에 그 존재만으로도 귀함을 느끼는 봄날입니다.

두 달 전부터 교회에 나오기 시작한 수영 씨는 가끔 약국에 들러 반갑게, 환하게 웃으면서 조금은 당당하게 인사를 합니다. 지난주에는 예배 시간이 엇갈려 수영 씨를 만나지 못하였습니다. 그녀의 안부가 궁금하였는데 저의 안부를 묻고자 약국에 온 그녀를 보니 참으로 반가웠습니다. 밤새 힘든 일을 마치고 화장기 하나 없는 그녀는 많이 지쳐 보였지만 환하게 웃는 모습은 노란 복수초를 많이 닮았습니다. 자연의 모든 사물을 차갑게 얼려 자신의 발아래 복종시키는 겨울의 거센 기운을 온몸으로 맞서 얼음 가운데서 기어이 작디작은 샛노란 꽃을 피우고야 마는, 봄을 알리고 봄을 맞이하는 꽃, 노란 복수초. 제가 참 좋아하는 꽃입니다. 수영 씨의 교회생활이 삭풍에 흔들리고, 추위와 더위 속에 남겨진다 할지라도 포기하지 않고 뿌리를 내려 따사로운 봄 햇살과 어울릴 수 있기를 간절히 하나님 아버지께

기도드렸습니다.

제가 살아가면서 만나는 많은 인연 가운데 노란 복수초의 향기가 나는 먹먹하고 귀한 인연들이 있습니다. 다리를 다쳐 일을 쉬고 있는 영미 씨는 생각보다 치료기간이 길어져서 몇 달째 벌이가 없어 많이 힘들어하고 있습니다. 일을 쉬면서 살집도 좀 불어나면 좋으련만 큰 키에 몸무게가 오십 킬로그램도 안 되는 영미 씨는 어찌된 게 몸이 더 말랐습니다. 피부에 탄력이 없어지고 어두운 낯빛으로 변해가는 영미 씨의 얼굴을 보면 눈만 보입니다. 어제저녁 영미 씨가 피임약과 감기약을 사고 난 뒤에 머뭇거리면서 어렵게 입을 열었습니다.

"저, 이모 이 약들 외상으로 가져가면 안 될까요?"

"영미 씨 안 될 게 뭐가 있어. 괜찮아요, 나중에 돈 되는 대로 갖다 줘요. 부담 갖지 말고요."

주섬주섬 약 봉지를 챙겨서 약국을 나가려는 영미 씨에게 말했습니다.

"영미 씨 힘내요. 빠샤 빠샤 뿌지직 뿌지직. 힘내는 소리예요."

영미 씨는 빙그레 웃으면서 인사를 하고 나갔습니다. 그녀와 함께 웃으면서 자신의 부모와 동생과 재미있게 살았던 이야기를 나누고 싶습니다. 가족이야기를 할 때면 그녀는 참 환해집니다. 눈이 갸름해지고 입꼬리가 올라가고 목소리가 높아집니다. 아버지의 수술을 걱정하는 서른세 살짜리 큰딸이 됩니다. 동생 대학 이야기를 할 때는 자상한 누나입니다. 그런 영미 씨가 보고 싶습니다.

야식 장사가 영 시원치 않은 소망집 이모는 낮에 분식 장사를 시작하려고 며칠 전부터 가게를 고쳤고 어제부터 새로운 메뉴 개발을 위해 이것저것 맛깔스러운 반찬들을 만들고 있습니다. 방금 만든 반찬이라며 달래를 넣어 맛있게 무친 파래무침과 오동통한 무말랭이무침을 챙겨다 주시면서 이 팍팍한 삶을 어떻게 살아야 하는지 참 힘들다고 한탄합니다. 이모의 얼굴도 눈물바람 끝에 퉁퉁 부어 있었습니다. 험한 동네에서 장사하다 보니 이모의 말투는 아주 거칠어져 버렸습니다. 장성하여 어른이 된 자녀와 이야기를 할 때에도 감정조절이 안 되어 상스런 소리가 먼저 나와버리는 바람에 제대로 된 대화를 할 수 없다고, 어쩌면 좋겠냐는 이야기를 들은 지 벌써 여러 해가 지났습니다. 무너질 수 있었던 자신의 가정을 비틀거리면서도 절대로 포기하지 않고 지켜온 그녀였습니다. 그녀가 있었기에 아이들도 있었습니다. 어려운 가정 형편에도 착하게 자라준 아이들이 고맙다면서 아이들을 아끼고 품고 사는 이모이지만 정작 아이들에게는 툭툭 던지는 거친 말로 상처를 주고 자신을 베어내는 삶을 오랫동안 살고 있습니다. 아이들이 알고 있을까요? 엄마가 자신들을 얼마나 사랑하고 있는지를……. 소망집 이모가 이제는 알았으면 정말 좋겠습니다. 자신이 얼마나 귀하고 아름다운 사람인지를. 그녀는 맛깔스러운 고들빼기김치를 담을 수 있는 귀한 손을 가진 사람입니다. 이십 킬로가 넘는 손수레를 밀고 다니면서 즐겁게 야식 장사를 할 수 있는 튼튼한 발을 가진 사람입니다. 값싸고 양 많은 중국산 재료를 쓰지 않고 우리 먹거리만을 고집하는 그녀는 맑은 심장을 가진 사람입니다. 이렇게 많은 그녀의 좋은 점을 어쩌자고 그녀 자신은 모르는 것일까요. 그녀가 더는 아파하지 말았으면 좋겠습니다. 자신을 많이 사랑하고 계시는 하나님 아버지의 크신 사랑을 느끼고 그녀가 가득 찼으면 좋겠습니다.

준영이 엄마가 요즘 많이 아픕니다. 준영이 형이 우울증 치료를 받기 시작하면서 준영 엄마의 통증은 더 심해진 것 같습니다. 자신이 아이를 그렇게 아프게 키웠다는 자책감에 빠지면서 체력이 급격히 떨어져 온몸이 들고 일어나 허리디스크도 재발하고 갑상선 기능도 많이 약해지고 있습니다. 그녀의 잘못으로 준영이 형이 우울증에 걸린 것도 아닌데 그녀는 그 멍에를 혼자 지려고 합니다. 아무리 이야기해도 그녀는 듣지를 않습니다. 제가 그녀에게 할 수 있는 일이 별로 없어 가슴 아프지만 이

또한 그녀의 몫일 거라 생각합니다. 그녀를 위한 저의 기도시간이 길어지고 있습니다. 그녀의 멍에가 무겁지 않기를 기도합니다. 그녀의 멍에가 오래가지 않기를 기도합니다. 그리고 언젠가 그 멍에를 내려놓고 자유롭게 날아오를 그녀의 모습을 위해 기도합니다. 그리고 그녀가 하나님 아버지께서 자신을 얼마나 사랑하고 계시는지 잊지 않게 그녀를 붙잡아주실 것을 기도합니다. 그녀가 맑고 환하게 웃고 있습니다.

작두콩과 사랑초

오늘은 저희 교회로 놀러 오세요. 교회 건물 삼 층까지 올라간 작두콩 넝쿨을 정리하고 그 귀한 콩을 받는, 아주 재미있고 신 나는 날이랍니다. 작두콩은 콩과 식물 중에서 가장 크게 자라는 넝쿨 식물인데 보통 이파리 길이가 삼십 센티미터 정도이고 콩깍지의 크기도 삼십 센티미터 정도 되니 그 안에 자라는 콩이 얼마나 클지 상상이 가시죠? 콩의 크기가 무려 오 센티미터쯤 됩니다.

제가 저희 교회에 나오기 시작한 게 수년 전 초여름부터였는데 교회 현관 옆으로 채 일 미터가 안 되는 작은 땅에서 나온 몇 개의 줄기가 하늘을 향해 전진하면서 어른 손바닥 두 개를 합친 것만큼 그렇게 큰 잎을 양쪽으로 만들고 있었습니다. 도대체 이게 무슨 콩인지 줄기 사이에 이만한 콩깍지들이 떡하니 자리 잡고 있었고 보면 볼수록 참으로 신기하였습니다. 교회를 관리하시는 관리집사님께 콩의 이름을 여쭈어보니 '작두콩'이라 하였습니다.

우리네 삶 가운데 만나게 되는 풀과 나무에 관심이 많은 저는 새로 다니기 시작한 교회의 이곳저곳에 자리한 화분들에 눈길이 가기 시작하였습니다. 보라색 이파리에 흰 꽃을 피운 사랑초, 초록색 이파리에 흰 꽃을 피운 사랑초, 초여름 밤이면 꽃을 활짝 피워 은은한 향기로 자신의 존재를 알리는 야래향, 예쁜 초롱을 닮은 꽃을 피우는 초롱꽃, 갖가지 이름 모를 난 화분들…….

지은 지 삼십 년이 다 되어 가는 교회 건물이다 보니 그간 많은 행사를 치르면서 때맞춰 들어오는 화분들이 꽤 많았을 텐데 그 화분들 모두 정성껏 잘 가꾸어지고 있었습니다. 지하 일층에서 지상 삼 층까지 올라가는 계단마다에도 종류나 크기에 따라 화분들이 가지런히 정리되어 있었습니다. 누구의 솜씨일까 궁금해 알아보니 교회를 관리하시는 집사님의 손길이었습니다. 십 년 넘게 교회를 만지고 쓸고 정리해오신 김남식 안수집사님입니다.

저희 교회의 사계절은 김 집사님의 하루를 살펴보면 알 수 있습니다. 봄이 오면 가장 먼저 하시는 일이 저희 교회의 상징이 된 멋진 작두콩 싹 틔우기입니다. 지난해 잘 거두어 갈무리해둔 작두콩 중에서 가장 실하고 예쁘게 생긴 콩을 열 개 정도 골라 물에 불린 뒤 작은 종이컵 화분에 심어 싹 틔우기를 시작하십니다. 봄이라 해도 밤에는 쌀쌀하니까 퇴근길에 모종 컵을 들고 가서 집 안 거실에 들여놓았다가 출근길에 다시 가지고 나와서 햇볕이 가장 잘 드는 곳에 놓고 온종일 오며 가며 살피십니다.

싹을 틔운 모종의 떡잎을 바라보는 김 집사님 얼굴에는 자식을 바라보는 아버지의 미소가 어립니다. 햇볕과 아버지의 사랑

미아리 서신

을 듬뿍 먹으면서 잎들이 하나씩 나기 시작하면 본격적인 뿌리내리기에 들어가는데, 교회 현관 옆 자그마한 자투리땅에 옮겨 심고 그 위에 비닐하우스를 만들어 더 튼실하게 자랄 수 있게 해줍니다. 그렇게 김 집사님의 끊임없는 사랑과 관심 그리고 보살핌으로 작두콩은 자기 몫을 다하며 뿌리를 내리고 넝쿨손을 뻗어올려 하늘을 향해 올라갑니다. 커다란 콩깍지와 이파리를 내어놓으며 올라가는 작두콩의 성실함과 당당함을 닮고 싶습니다.

여름이 시작될 무렵이면 교회는 갖가지 행사로 활기가 넘치며 움직임이 많아집니다. 야외 행사가 많아지면 김 집사님은 아주 바빠지십니다. 작년 행사에 쓰고 갈무리해놓았던 여러 가지 물품들을 다 꺼내어 일광욕을 시킵니다. 돗자리, 야외용 대형 물통, 텐트, 그리고 요즘은 보기 드문 스티로폼으로 만든 커다란 아이스박스. 족히 이십 년은 사용했을 아이스박스는 어디에 쓰이냐고 여쭈어보니 야외 행사나 수련회에 시원한 수박 몇 통 담아가는 데 제격이라고 하셨습니다.

행사를 마치고 다들 지쳐서 교회에 모여 정리하고 각자 집으로 돌아가면 그때부터 김 집사님은 더 바빠지십니다. 마당에 돗자리를 펴놓고 깨끗이 닦은 뒤 벽에 걸쳐 놓으면 알록달록한 돗자리들이 벽을 장식하면서 교회는 아름답게 변합니다. 한쪽에는 뚜껑 열린 김 집사님의 보물 스티로폼 아이스박스가 입을 벌린 채 떡하니 버티고 있지요. 그 옆에는 야외용 물통이 물구나무서기를 하고 있습니다.

여름의 끝 무렵, 장마도 가고 태풍의 흔적도 사라질 즈음이면 교회 마당 한편에 자리한 야래향의 향기가 교회를 감싸 돌면서 미아리 집창촌의 어두운 골목까지 퍼져 나갑니다. 낮에는 꽃봉오리를 닫고 있다가 해가 기울고 사위가 어둑어둑해지면 꽃이 기지개를 켜며 피어납니다. 이파리 비슷하게 생겨서 작고 볼품없어 보이는 야래향 꽃이 자신을 내어 향기로 세상 모든 것들을 위로하고 있는 모습이 제게는 감동으로 다가옵니다.

저희 성도님들 대부분이 가지고 있는 꽃 화분이 있는데, 그건 바로 김 집사님이 분양하여 주신 사랑초 화분입니다. 사랑초는 실내에서 잘 키우면 일 년 내내 꽃을 볼 수 있는 식물이랍니다. 콩알만 한 알뿌리로 번식하는 사랑초는 잘 자라는 식물이라서 어느 정도 자라면 화분을 뒤집어 알뿌리들을 나누어서 두세 개의 화분을 만들 수 있습니다. 김 집사님은 마치 딸내미 시집보내는 친정아버지의 심정으로 사랑초 화분을 보낸다고 하십니다.

사랑초 분양이 끝나면 교회 보수공사가 시작됩니다. 지은 지 삼십 년이 다 된 교회 건물은 곳곳에 세월의 흔적을 지니고 있습니다. 대리석 바닥의 긴 층계, 긴 비닐 방석이 있는 원목 장의자, 페인트가 벗겨진 실내 벽 등등 여기저기 집사님의 손길을 기다리는 공간들을 일일이 찾아 가 칠하고 꿰매고 고치는 집사님은 못 하는 일이 없는 슈퍼맨이십니다. 김 집사님은 할 일이 많은 삶이 무척 행복하고 감사하다 하십니다.

며칠 전 교회에 커피를 마시러 갔다가 까만 테이프가 붙어 있는 고무나무를 보았습니다.

"집사님 왜 까만 테이프가 여기 붙어 있나요?"

"누가 고무나무에 불만이 있었는지 잎에 칼질을 해 놓았어요. 그래서 잎이 아플 것 같아서 응급조치를 해놓았지요."

그 고무나무는 참 행복해 보였습니다. 옆에 있는 야래향도 그리고 사랑초 화분들도 모두 행복하다고 이야기합니다.

하나님 아버지를 섬기고 따르는 일은 현란한 미사여구를 동원한 화려함에서 시작되는 일이 아니고 소박하게 작은 것에서 한 발 한 발 조심스레 나아가야 하는 것이라 생각합니다. 우리가 삶 속에서 만나게 되는 이웃은 세상 모든 것이겠지요. 자신에게 주어진 삶의 현장에서 어떻게 살아가야 하는지, 네 이웃을 네 몸같이 사랑하라 말씀하신 하나님의 귀한 말씀이 더욱 생각나는 평안한 주일 저녁입니다.

에필로그

사십 년 만에 숙제를 했습니다. 철이 들면서 제가 사는 동네가 어떤 동네라는 걸 알게 되었고 그때 들었던 마음은 부끄러움이 아니라 가슴 시림이었습니다. 밤새 술 마시며 일을 하고 난 뒤 화장을 지우고 이런저런 볼일로 동네를 다니는 그녀들의 민얼굴은 슬픔이었습니다. 왜 그 어린 나이에 그녀들의 얼굴에서 슬픔을 읽어내었는지 지금 생각해도 알 수는 없습니다. 친구들은 뚝방 가에 산다고 하면 술집 동네 아이라고 놀려대곤 했습니다. 열 살이 채 안 된 어린 나이에 그녀들에 대한 기억은 푸른 새벽안개 빛이었습니다. 그녀들과 한편을 먹고 싶었습니다. 열 살짜리 어린 여자아이가 풀기에는 어려운 숙제였고, 그 숙제는 아이가 오십이 넘은 중년이 돼서야 할 수 있었습니다.

다음 주에는 장점순 권사님이 담그신 고구마 줄거리 김치를 먹는 즐거움을 누리게 될 것 같습니다. 며칠 전 커다란 장바구니를 지고 저희 약국에 들르신 권사님은 고구마 줄거리 김치를 담글 거라고 자랑을 하셨습니다. 하지 정맥류로 생긴 다리 통증이 권사님을 종종 힘들게 하지만 하나님 아버지의 딸로서 살아가는 축복이 얼마나 큰지를 고백하며 신 나게 일하러 다니십니다. 경기도 용인까지 일하러 가는 아내에게 따스한 사랑의 인사를 보내는 김남식 집사님의 미소는 하나님 아버지의 미소와 많이 닮았습니다. 아, 또 한 분 있습니다. 늘 평안한 미소를 짓고 계시는 이형종 집사님. 아직도 건강하게 직장을 다니시고 주일이면 주차장에서 성도 차량 정리하는 봉사 일을 묵묵히 하고 계십니다.

다리가 아파서 오래 고생했던 영미 씨는 이제 건강을 회복하였고 영미 씨의 부모님도 건강이 좋아지셔서 병원비가 크게 줄었다고 환하게 웃고 있습니다. 미용실에 취직하여 이곳을 떠났던 희야 씨는 행복한 가정을 꾸리고 잘 지낸다는 이야기를 바람결에 들었지요. 참 마음이 가득해졌습니다. 꽤 오래전 바닷가 근처 도시로 시집을 간 수진 씨는 예쁜 딸아이와 씩씩한 아들아이를 둔 엄마로 잘 지내고 있기를 진심으로 바랍니다.

벌써 칠 년이 넘었습니다. 작고 여린 그녀, 연보랏빛 드레스를 즐겨 입어 하늘거리는 개미취와 많이 닮은 그녀가 한 줌의 재로 사라진 지……. 제게 다른 공간과 시간이 허락된다면 그녀와 이야기를 더 나누고 싶습니다. 이렇게라도 그녀의 영혼을 위로할 수 있는 지면을 만드시고 이끌어주신 하나님 아버지께 감사드립니다. 그녀의 죽음을 무기력하게 지켜볼 수밖에 없었고, 죽음 뒤에 그녀의 의지와 무관하게 벌어진 많은 일이 저를 더 먹먹하게 만들었습니다. 이곳에 아직도 많은 개미취가 척박한 세상 가운데 뿌리내리기 위해 노력하고 있는 모습을 보면서 그녀들의 신산한 삶에 따스한 손을 잡아주고 함께 울 수밖에 없었습니다.

재형이와 경호 그리고 준영이는 올가을 군대에 가기 위한 신체검사를 받았습니다. 내년에는 모두 푸른 군복을 입은 멋진 청년들이 됩니다. 좀 더 어른이 되어, 하나님 아버지 곁에 더 가까이 다가가는 축복을 허락하여주시길 간절히 원합니다. 준영이 엄마는 아직도 허리가 많이 아파서 힘들어하지만 그래도 예수님과 더불어 가는 삶이 가득하다고 고백하면서 하루하루 하나님 아버지께로 나아가고 있습니다. 지난주에는 저희 약사회에서 주최하는 북한산 등반 대회가 있었지요. 저나 준영이 엄마나 다들 무릎이 부실하여 등산은 포기했지만 둘레길을 오붓하게 걸었습니다. 바람에 날리는 이파리들과 함께 수다를 떨고 준영이 흉을 보기도 하면서 그렇게 하루를 채웠습니다.

그렇게 더불어 가득한 삶을 누리고 있습니다. 부족함이 많은 제가 제 이름으로 꾸린 따스한 책 한 권을 여러분 앞에 살며시 내려놓습니다. 가슴 설레는 기쁨임을 고백합니다. 한 발 한 발 하나님 아버지께로 가는 이 환희의 길에 많은 분이 함께하시기를 바랍니다.

제 책을 가장 기다리고 있는 아들 밀알과 제게 자랑이 되는 당당한 동생 진영, 씩씩한 모습으로 살기 위해 노력하는 동생 창호, 오랜 병원 생활 속에도 웃음을 잃지 않고 제게 힘을 주시는 아버지 이강노 옹과 가장 먼저 이 기쁨과 가득함을 함께하고 싶습니다. 이런 기쁨을 제게 주신 하나님 아버지께 진심으로 감사드립니다.